Stephan A. Jansen
Birger P. Priddat

Electronic Government

Neue Potentiale für einen modernen Staat

Klett-Cotta

Klett-Cotta

Printed in Germany
Umschlag: Dietrich Ebert, Reutlingen
Gesetzt aus der Sabon von Typomedia Satztechnik, Ostfildern
Auf säure- und holzfreiem Werkdruckpapier gedruckt
und gebunden von Kösel, Kempten
ISBN 3-608-94026-X

Die Deutsche Bibliothek – CIP-Einheitsaufnahme
Ein Titeldatensatz für diese Publikation ist bei
Der Deutschen Bibliothek erhältlich

»Can we build a new kind of politics?
Can we construct a more civil society with our powerful technologies?
Are we extending the evolution of freedom among human beings?
Or are we nothing more than a great, wired babble pissing into the digital wind?«

Jon Katz, Wired

Inhalts-verzeichnis

Der größte Markt ist der Staat!

Der größte Markt ist der Staat. Ökonomische Phantasien entstehen in den vergangenen Jahren gerade in einem Sektor, wo man sie als letztes erwartet hätte und der, wenn er nach betriebswirtschaftlichen Rechnungslegungsmethoden geführt würde, schon längst Konkurs anmelden müßte: *im öffentlichen Sektor.*[1] Lesen wir derzeit die noch mediengerecht im Internet abgelegten *White Papers* vieler Regierungen weltweit – wie in Singapur, Nordamerika, Australien oder auch England –, dann bekommen wir ein Gefühl dafür, wie ansteckend die sogenannte New Economy auch auf den Staat und auf die politischen Systeme wirkt. Business Plan-ähnliche Konzepte für eine elektronische Regierung *(Electronic Government, im folgenden: eGovernment)* haben in diesem Jahr Hochkonjunktur. Der größte Markt ist der *non-market.*

Das bleibt nicht ohne Konsequenzen für die Politik bzw. ihre Organisation, insbesondere für das Verhältnis von Politik, Staat, Verwaltung und Bürgern.[2] Die bisherigen Diskussionen fokussieren vor allem das Thema ›Internet und Demokratie‹. Sie blieben überwiegend noch viel zu vorsichtig bezüglich der Erörterung dieser Konsequenzen. Denn die Konsequenzen sind vermutlich organisatorisch radikaler und politisch brisanter als das, was bisher gedacht wurde: »Die wahren Komplexitäten des Konzeptes (des eGovernments) beginnen gerade erst sichtbar zu werden.«[3]

---

1 Vgl. Ederer/Schuller 1999.

2 Vgl. hierzu in einem ersten Überblick die Studie der Bertelsmann Stiftung, herausgegeben von Friedrichs 2000a.

3 Übersetzt nach McDonough 2000, S. 9.

Diese Komplexitäten erfordern neue Theorieangebote zur Beschreibung dieser sich dynamisierenden Verhältnisse.

Mit dem *eGovernment* erleben wir in den nächsten Jahren die dritte Revolution im Internet – nach dem *electronic commerce* von Unternehmen und ihren Kunden (*business to consumer*, B2C) und dem *electronic business* zwischen Unternehmen (*business to business*, B2B). *Electronic Government* ist gleichzeitig – wie wir ausführen werden – die unblutigste Revolution mit eingebauter Permanenz: *die Wiedereinführung des Politischen in die Politik.*

Dieses Buch ist eine Vergangenheits- und Zukunftsbewältigung zugleich. Es skizziert zunächst die Moden der Staatsorganisation der Vergangenheit bis zur Gegenwart sowie die paradoxen Herausforderungen politischen Handelns, um ein Verständnis dafür zu wecken, warum wir über das Thema überhaupt reden müssen. Diese zum Teil ausführlichen theoretischen Beschreibungen politischer Praxis sind unseres Erachtens zwingend als Ausgangspunkt für eine Modernisierungsüberlegung vor allem im Hinblick auf die Konzeption des Electronic Governments.

Ausgehend von einer grundsätzlichen Diskussion der Lernbereitschaft und Lernfähigkeit von öffentlichen Institutionen wird eine erste umfassende Skizze der Definition und des Konzeptes des Electronic Governments vorgestellt. Entgegen dem bisher vielfach reduzierten Verständnis von eGovernment wird im weiteren anhand von vier im obligatorischen Internet-Deutsch formulierten P-Trends des eGovernments

- *p*rosumerism[4] und citizen empowerment (Bürgerbefähigung),
- *p*olicy networks und new governance (co-opetition),

[4] Dabei kommt es zu einer Verschränkung von Produktion und Konsum, was Alvin Toffler bereits früh als *prosumerism* eingeführt hat. Vgl. Littmann/Jansen 2000, S. 320 ff.

- *p*rocurement (Beschaffung) und federal supply chain management[5] sowie
- *p*ublic memory und knowledge management

ein integriertes Modell vorgestellt – unter Einbeziehung erster praktischer Experimente sowie Theorieangebote.

Abschließend werden die Auswirkungen dieser neuen Ausrichtung anhand von Hypothesen hinsichtlich ihres tatsächlichen Lösungscharakters hinterfragt und die Probleme dieser neuen Lösungen diskutiert.

Der folgende Beitrag baut auf einem Diskussionspapier der Autoren auf, das anläßlich des Berliner Gipfeltreffens von Clinton, Jospin und Schröder im Juni 2000 vorgestellt wurde.[6] Dieser Beitrag nimmt die darin angesprochenen Aspekte in einem breiteren Rahmen auf und fokussiert sie auf das eGovernment.

Für den theoretisch interessierten Leser bietet sich die Rekonstruktion einiger grundlegender Fragestellungen für die Modernisierung des Staates an, die Aspekte neuerer Steuerungstheorien der Politik, der Demokratietheorie sowie der Theorie öffentlicher Güter aufnimmt. Die im Kapitel II behandelten Themen sind somit eine *zukunftssichernde Vergangenheitsbewältigung* bis in die Gegenwart.

Für den praktisch interessierten Leser empfehlen wir vor allem das Kapitel I und III, in dem einige grundlegende Unterscheidungen und Definitionen vorgetragen sowie zentrale Trends anhand von nationalen und internationalen Beispielen diskutiert werden. Dieser Teil ist eine *vergangenheitssichernde Zukunftsbewältigung* –,

---

5 Der Begriff »Supply Chain Management« beschreibt ein systematisches Management der Schnittstellen zwischen den einzelnen Beteiligten der Wertschöpfungskette, d.h. zwischen Zulieferern, Herstellern, Vertriebsorganisationen etc.

6 Jansen/Priddat 2000.

d. h., es ist sehr wichtig, sich aus der derzeit vielfach überschießenden Innovationseuphorie an die Vergangenheit zu erinnern.

Die im Kapitel IV angesprochenen »Probleme der Lösung eGovernment« bieten sich für beide Leserkreise als gemeinsamer Ausgangspunkt für die weitere Diskussion an.

An dieser Stelle soll ein Dank für die wie immer kooperative Zusammenarbeit mit dem Klett-Cotta Verlag stehen. Weiterhin gilt unser Dank Frau Claudia Kuhr, die für die Korrektur des Manuskripts gesorgt hat. Herrn Prof. Dr. Dirk Baecker und Herrn Prof. Dr. Michael Hutter danken wir für hilfreiche Anregungen zu einer Erstversion des vorliegenden Textes.

Stephan A. Jansen und Birger P. Priddat
Witten, März 2001

I. Staatsmodernisierung

Vom Status und von der Entwicklung des Staates eGovernment: Ein erster Überblick

Vom »Staat«, der nicht mehr nur einen »status« im Sinne von einem Zustand bedeutet, reden wir erst seit gut 500 Jahren. Der Staat ist seitdem nicht mehr nur der Zustand von etwas anderem, sondern ein Gegenstand eigener Art. Doch: »Innerhalb dieser Zeitspanne von 500 Jahren hat sich so viel geändert, daß es fraglich wird, ob der Begriff noch denselben Gegenstand bezeichnet wie am Anfang seiner semantischen Karriere.«[1]

Verwaltungsmodernisierungen stehen seit jeher auf der Tagesordnung – auch in Deutschland –, aber erstmals hat eine Bundesregierung – seit dem 1. Dezember 1999 – dieses Thema zum Programm erhoben: »Moderner Staat – Moderne Verwaltung«.[2] Der Modernisierungsprozeß konzentriert sich auf die Umstellung der Verwaltungen auf modernes Management.[3] Aber ein zweiter Schritt innerhalb dieser Modernisierungsinitiative weist auf eine neue Dimension: BundOnline 2005.

»Mit der Initiative BundOnline 2005 wird sich die Bundesverwaltung insgesamt dem Internet öffnen. Die Bundesregierung wird die Chance von Electronic Government (E-Government) ganz im Sinne des Servicegedankens für die Bürgerinnen und Bürger nutzen. [...] Mit dieser Initiative verpflichtet sich die Bundesregie-

---

1 Vgl. Luhmann 1999, S. 102.

2 Vgl. Zypries 2001, sowie die entsprechende Homepage http://www.staat-modern.de.

3 Vgl. Hill 2001, Luge 2001.

rung, bis zum Jahr 2005 alle Dienstleistungen der Bundesverwaltung online anzubieten. Das betrifft Dienstleistungen für die Bürgerinnen und Bürger ebenso wie für die Wirtschaft und Behörden des Bundes, der Länder und der Kommunen.«[4]

Die Bundesregierung holt mit dieser Initiative nur nach, was weltweit – zum Teil mit Hochdruck[5] – betrieben wird. eGovernment bezeichnet nicht nur die informationstechnologische Seite der Verwaltungsmodernisierung, sondern eröffnet auch eine neue Dimension für Verwaltung und Politik:

- *Kundenorientierung:* Einerseits werden *virtuelle Rathäuser* und Ministerien mit digitalen Informations- und vor allem Dienstleistungsangeboten für die Bürger aufgebaut. Virtuell heißt: unabhängig vom konkreten Ort jederzeit zugänglich – über Internet-Portale. Die Kommunen etc. informieren nicht nur umfassend, sondern stellen – nach und nach – ihre gesamte Dienstleistungspalette in das Netz. Bits und nicht die Bürger laufen nun: Anstatt physisch zur Behörde gehen zu müssen, können die Bürger alle Formulare, Anträge etc. über das Internet ausfüllen und einreichen. Damit ist erstens erreicht, daß die relativ engen Öffnungszeiten auf einen 24-Stunden total service umgestellt werden, zweitens, daß für die Bürger Wartezeiten entfallen (»on-line« statt »in line«), und drittens, daß alle Behördenvorgänge aus einer Hand kommen (»one-stop-administration«). Man muß bei drei Vorgängen nicht zu drei verschiedenen Behörden mit drei unterschiedlichen Wartezeiten, sondern kann alles – unterstützt von Hilfsprogrammen und

4 Zypries 2001, 12.

5 Eines von vielen Beispielen: der US-amerikanische eGovernment-Anbieter NIC (http://www.nicusa.com/NIC-flash/index-falsh2.htm), vgl. auch die britische Evaluation (http://www.cabinet-office.gov.uk/index/news.htm); dazu Falk 2001.

Erklärungen – hintereinander am eigenen Computer wegarbeiten.

Ein Beispiel: Die Stadt Hagen. Nach zweijähriger Vorbereitung hat das ›virtuelle Rathaus‹ Hagen gerade eröffnet (www.stadt-hagen.de), vorerst noch für die Bereiche Einwohnermeldeamt und Bauwesen. Lohnsteuerkarten können online beantragt, Meldeauskünfte besorgt werden. Nachweise für Flurstücke, Eigentümer und Bestand sind online einzusehen, wie etwa Bestandsübersichten und Liegenschaftskarten. Vorreiter dieser Entwicklung sind in Deutschland Nürnberg, Esslingen und Bremen.[6]

- *Auftraggeberorientierung:* Zum anderen wird das Internet eingesetzt für die elektronische Abwicklung der *Beschaffung* (sogenanntes *public eProcurement*) für die öffentliche Hand. eGovernment als eProcurement senkt – unabhängig von den durch »normale« Verwaltungsmodernisierung und Verwaltungsreorganisation erzielbaren Leistungsverbesserungen – Prozeßkosten und Einkaufspreise. Hier entstehen völlig neue Ausgabenreduktionsmöglichkeiten durch marktnähere Verhandlungen mit der Wirtschaft. Einkaufspreise lassen sich um bis zu 30 Prozent reduzieren. Im Gegensatz zu anderen Ländern hat Deutschland ein kompliziertes Vergaberecht, das für die digitalen Beschaffungsmarktplätze ohne Sicherheitsrisiko umgesetzt werden muß. Öffentlichen Institutionen, Kommunen, Ländern und dem Bund, die die Steuergelder der Bürger effizient verwalten sollen, werden über eGovernment alle Chancen eröffnet, Gemeinschaftseinkäufe zu nutzen, wie es in der Wirtschaft längst möglich ist. Das englische National Audit Office (NAO) ist überzeugt, daß jedes Jahr zwischen zwei und drei Millionen Beschaffungsgüter zum Durchschnittspreis von

6 Burger 2001.

100 £ bestellt werden, deren Prozeßkosten für jedes Gut zwischen 25 und 100 £ liegen. Eine elektronische Vergabe kann nach ihren Angaben die Durchschnittskosten von 50 £ pro Order bis auf 8 £ senken.[7] Wenn man noch die bisher nicht realisierten Kosteneinsparungen für Mengenrabatte hinzurechnet, werden die Einsparungspotentiale substantiell. Neill Mellor schätzt für England das eGovernment-Einsparungspotential für alle Verwaltungen auf 13,5 Milliarden £; das würde einer Steuerreduktion von 3–4 Prozent gleichkommen. In dieser Dimension würden sich, wenn man von der Möglichkeit effektiver Steuersenkungen absähe, die neu gewonnenen budgetären Handlungsspielräume der Politik bewegen.[8] Hinzu kommen erhebliche Verfahrensbeschleunigungen: Im US-amerikanischen Army's Communications-Electronics Command (Cecom) wurde ein eProcurement-System eingeführt zum Kauf von Laptops und Faxgeräten. Frühere Beschaffungsvorgänge hatten 30 bis 90 Tage in Anspruch genommen, bis die Transaktionen erledigt waren. Über die online-Auktionen, die Cecom eingeführt hatte, waren die Vorgänge in 30 bis 60 Minuten erledigt.[9] Bei der niedersächsischen Finanzverwaltung wird bereits eine Umbesetzung von 300 Stellen der Beschaffung zu anderen Bereichen durch das digitale Verfahren gemeldet.[10]

- *Demokratieorientierung:* Eine dritte Dimension – *eDemocracy* – nutzt das Internet, vor allem die Internet-Portale, für eine stärkere Bürgerbeteiligung, vor allem bei kommunalen Entscheidungen und Planungen. eDemocracy ergänzt das eGovernment um eine durch das Internet ausgeweitete Entscheidungs- und Planungsbeteiligung der Bürger. Hier gibt es in Deutsch-

[7] Mellor 2000.
[8] Mellor 2000. Vgl. auch http://www.stepchange.gov.
[9] Robinson 2000.
[10] Burger 2001.

land noch wenige, wenn auch zunehmend Erfahrungen[11]; so haben z.B. die Städte Mönchweiler, Monheim und Hamm Beteiligungsverfahren der Bürger an der kommunalen Haushaltsplanung eingeführt, aber das Internet wird dafür noch nicht genutzt. Das nordrhein-westfälische Innenministerium und die Bertelsmannstiftung haben eine Projekt »Kommunaler Bürgerhaushalt« aufgelegt, das bürgerorientierte Politikgestaltung einführen helfen soll. Das Internet bietet sich als Kommunikations- und auch als Entscheidungsmedium an. Hier können Erfahrungen anderer Länder fruchtbar genutzt werden.

Die drei Dimensionen des eGovernments – ›virtuelle Rathäuser‹, neue Beschaffungspolitik der Verwaltungen und *eDemocracy* – ändern die Beziehung von Verwaltung/Bürger und von Politik/Bürger auf neue Art:

- die ›virtuellen Rathäuser‹ verbessern die Leistungsbeziehungen zu den Bürgern qualitativ: die Verwaltung wird zum Bürger-Dienstleister: die Bürger werden Kunden des Staates;
- das *eProcurement* optimiert die kommunalen und Staatseinkäufe: effizienter Umgang mit Steuergeldern; Politik und Verwaltung operieren kosten- und leistungsbewußter, denken in Wertschöpfungskategorien;
- die *eDemocracy* treibt die Demokratisierung der Gesellschaft voran: nicht abstrakt, sondern konkret in unmittelbar die Bürger angehenden Planungs- und Entscheidungsprozessen. Politik wird Bürgerpolitik: nicht einfach als Umsetzung von Bürgerwünschen, sondern als Kommunikation von zum Teil schwierigen Entscheidungsverfahren, die viele Interessen austarieren müssen.

11 Vgl. die Beispiele in Sinning/Wimmer 2000.

»Ich bin der festen Überzeugung, daß E-Government zu einem neuen Schub der Verwaltungsmodernisierung führt«, läßt Staatssekretärin Brigitte Zypries verlauten[12]; 75 Prozent der politischen Vertreter aus 14 europäischen Ländern sehen ebenso darin der neue Chancen für Demokratie, Verwaltung und Zivilgesellschaft.[13]

Der Internetbeauftragte des Deutschen Städte- und Gemeindebundes, Franz-Reinhard Habbel, unterscheidet vier Entwicklungsstufen der digitalen Verwaltung:

- »In der ersten Phase verwenden Gemeinden und Behörden das Internet in der [...] Form eines Schaufensters.
- In der zweiten Phase stellen Behörden zusätzlich sogenannte elektronische Formulare zur Verfügung, die sich der Bürger aus dem Netz herunterladen und am Computer ausfüllen kann. Interaktiv ist aber auch dieses Angebot nicht. Denn die Formulare müssen ausgedruckt und unterschrieben werden, bevor man sie per Post an die Behörde schickt. ...
- Die dritte Stufe ist [...] erreicht, wenn sich die Verwaltungen zu virtuellen Wirtschafts- und Arbeitsräumen für Bürger und Unternehmen verwandelt haben. Versehen mit der digitalen Signatur, können online Baugenehmigungen eingeholt, Einträge ins Handelsregister beantragt und Steuererklärungen online abgegeben werden.
- Von der vierten Stufe sind deutsche Gemeinden am weitesten entfernt. In dieser Phase könnte [...] das Netz als Instrument der Partizipation der Bürger am politischen Prozeß eingesetzt werden. Etwa um den Verlauf einer Straße, die Größe eines

12 Zypries, Staatssekretärin des Bundesinnenministeriums, Schirmherrin der Fachmesse Modernder Staat 2000, November 2000 in Berlin.
13 Nach einer Umfrage des Economist; vgl. Falk 2001.

Neubaus oder einen Tunnel vorab dreidimensional im Netz zu simulieren. Entscheidungen könnten damit auf einer ganz anderen Grundlage als heute getroffen werden.«[14]

Wenn man davon ausgeht, daß heute die Angestellten einer Verwaltung 80 Prozent ihrer Zeit mit Aktenbewegungen beschäftigt sind und nur zu 20 Prozent mit Bürgergesprächen, wäre eine durch eGovernment erreichbare Umkehrung dieser Relation – eine Forderung des Deutschen Städte- und Gemeindebundes – ein effektiver Schritt in Richtung Bürgerorientierung. Parallel dazu können die Verwaltungsgebühren gesenkt werden.[15]

Die Verwaltungsmodernisierung bekommt über den eGovernment-Prozeß eine klare Orientierung und den Anschluß an die Netzwelten, die in der Wirtschaft bereits zur selbstverständlichen Kommunikations- und Geschäftsbasis geworden sind. In einer dynamischen Wirtschaftswelt, in der eine Kundenorientierung und -integration die Leistungslinien definiert, kann sich der Staat nicht heraushalten. Was für die ›Kunden‹ in der einen Welt des Marktes selbstverständlich geworden ist, werden die ›Bürger‹ von der anderen Welt des Staates ebenso einfordern.

Beispiel: Digitales Finanzamt. Rund zwei Drittel der Internetnutzer würden ihre Steuerklärung online abgeben. Bei der Internet-Trend-Umfrage von Mummert + Partner ergab sich zudem, daß ca. die Hälfte der 1500 Befragten ihre digitale Steuererklärung früher als bisher abgeben würde.[16] Die Vorteile eines solchen ›digitalen Finanzamtes‹ liegen auf der Hand:

---

14 Vgl. hier in Burger 2001.

15 Burger 2001.

16 Mummert + Partner Unternehmensberatung (http://recherche.newsaktuell.de), 30. 1. 2001.

- 24-Stunden-Öffnungszeit des Finanzamtes
- Einsparung der Kosten der Steuerberatung, wenn die elektronischen Formulare klar gegliedert sind und für jede Position Erklärungen aus einer Datenbank anbieten (›intelligente Nutzerführung‹)
- Automatische Hinweise auf Fehler beim Ausfüllen, mit richtigen Korrekturangeboten (und Gründen für die Korrektur)
- Direkte Übermittlung der Steuerdaten an den Finanzamtscomputer zur Entlastung der Sachbearbeiter
- Eventuell anfallende Steuerrückzahlungen (wie auch Nachzahlungen) erfolgen schneller.

Der Nutzen für die Bürger aber auch für die Finanzämter ist beträchtlich. Leider wurden die – spärlichen – Angebote wenig genutzt[17]. Der Anfang 2001 gestartete Vorstoß unter http://www.elsterformular.de ist nach kurzer Zeit aufgrund von Sicherheitsproblemen wieder zurückgezogen worden.

Die Befragung ergab folgende Gründe: Erstens käme der Datenschutz zu kurz (22 Prozent), zweitens gibt es eine Furcht vor fehlerhafter Datenübermittlung (13 Prozent), drittens mangelnde Sicherheit beim Posteingang (13 Prozent), viertens die Signatur sei nicht sicher (12 Prozent) sowie fünftens zu kompliziert (6 Prozent) etc. Viele dieser Befürchtungen sind aktiv behebbar. Sie sind ernst zu nehmen, insbesondere das Sicherheitsthema.[18] Hinzu kommt die deutsche Besonderheit, daß die digitale Signatur rechtlich noch

[17] Das bisherige Angebot, das seit 1998 besteht, die Steuererklärung über das Internet abzugeben, hatten nur 175 000 Bürger wahrgenommen. Es war zu umständlich mit Postversand und Unterschrift gekoppelt (Falk 2001).

[18] Vgl. dazu Arendt 2001; über den Stand der deutschen Gesetzesanpassung an die EU-Richtlinie von 2000 vgl. Eifert 2001.

nicht vollständig der manuellen Unterschrift gleichgestellt ist. Folglich mußte im Jahr 2000 immer noch ein Formular mit Handunterschrift ans Finanzamt geschickt werden.[19]

Der Nutzen einer *online*-Beziehung zur Finanzverwaltung ist groß, ebenso groß aber sind noch die Bedenken. Nun sind das Bedenken vor jeder neuen Praxis. Wenn man Nachbesserungen zuläßt, notfalls per Hand, und die Daten- und Übertragungssicherheit klärt, kann die Akzeptanz schnell verbessert werden.

Das Beispiel zeigt, daß *eGovernment* kein schneller Prozeß ist, der zudem mit klaren Leistungsvorgaben für die Nutzerfreundlichkeit verknüpft bleiben muß. Zugleich ist das Finanzamtsbeispiel aber wiederum nicht sehr geeignet, weil die Steuerzahlerbeziehung zum Finanzamt immer schon indirekt, d.h. über Schriftverkehr lief. Sehr viel zeit- und ressourcensparender und sichtlich bürgerfreundlicher sind z.B. administrative Dienstleistungsangebote bei Verkehrs- und Meldeämtern, Paßämtern, Gewerbeanmeldungen, Baugenehmigungen etc. In Baden-Württemberg wurde am 20. 12. 2000 z.B. das elektronische Grundbuch offiziell eingeführt und soll bis 2003 von allen Gemeinden im Internet verfügbar sein.[20]

Der Gang zum Amt ist für viele Bürger – gerade für die berufstätigen – oft ein lastiger Eingriff in den persönlichen Zeithaushalt, zumal für jeden Vorgang ein eigener Ämterweg geplant werden muß. Die Ämter untereinander sind auch oft nicht koordiniert. Wenn ein Autodiebstahl bei der Polizei gemeldet wird, erstellt diese nach Abschluß der Ermittlungen ein Protokoll, mit dem der Bürger zum Verkehrsamt gehen muß, damit die Abmeldung vorgenommen werden kann. Bei einem Umzug ist die Ummeldung keineswegs mit dem Anwohnerparkausweis verbunden, obwohl es logisch zusammenhängende Prozesse sind. Nur zwei Beispiele von

[19] Bremen hat als erste Kommune die digitale Signatur eingeführt (Bremen-Online-Service) (DIE ZEIT Nr. 49, 30. 11. 2000).

[20] Burger 2001.

vielen, an denen sich zeigen läßt, daß Organisationsprobleme der Verwaltung als Handlungsproblem an die Bürger verschoben werden. Was aber haben Bürger, denen die Verwaltungen zuarbeiten sollen, mit deren internen Organisationsproblemen zu tun?

eGovernment erlaubt hier keine Ausreden mehr. Je mehr die Bürger bei der Wirtschaft kennenlernen, was alles mit dem Internet möglich ist, werden sie von der Verwaltung fordern, es anzuwenden. Es steht zu vermuten, daß sie es noch im verschärften Maße fordern werden: Ämterbesuche haben einfach nicht den Sex-Appeal des samstäglichen Shoppens. Niemand geht freiwillig in ein Amt, sondern ist durch gesetzliche und andere Regelungen gezwungen, mit Ämtern zu kommunizieren.

Einer, der es wissen muß, wie man mit erzwungener Kommunikation umgeht, der Softwarehersteller Microsoft, beschreibt die Entwicklung wie folgt: »Zunehmende Individualisierung und Fragmentierung der Gesellschaft wirken sich fundamental auf die Städte und Gemeinden aus. Globalisierung und Internationalisierung der Unternehmen ergänzen den Veränderungsprozeß, vor dem die Städte und Gemeinden, Kreis- und Bezirksverwaltungen stehen. Die Bürger werden selbstbewußter. Sie verlangen von ihren Städten und Gemeinden mehr Services und Orientierungen auf dem Weg in die Informationsgesellschaft. Nicht mehr die Zuständigkeit der Behörden steht im Vordergrund, sondern deren Produkte und Dienstleistungen. Bürger und Unternehmen möchten über eine integrierte Quelle (Point of Public Services) die Leistungen der gesamten öffentlichen Verwaltung in Anspruch nehmen können. Die im Industriezeitalter aufgebaute hierarchische Verwaltung stößt in einer vernetzten Welt an Grenzen. Heute hat es ein Bürger z.B. nach einem Todesfall teilweise mit bis zu 17 verschiedenen Behörden und Einrichtungen zu tun. Kleine und mittelständische Unternehmen werden im Einzelfall während des Jahres von mehreren Steuerprüfern besucht und müssen Dutzende von Formularen ausfüllen. Die hierfür volkswirtschaftlich ›verlorene Zeit‹ steigt ins Unermeßliche.«[21]

Deshalb stehen die Verwaltungen noch stärker in der Pflicht als die Wirtschaft, kundenfreundliche Serviceangebote zu machen: Ämterleistungen sind staatliche Zwangsprodukte – ohne jegliche Konsumfreude. Die Attraktivität der Verwaltungsleistung kann nur durch exzellente Beratungsqualitäten, Informationsoffenheit und Abwicklungsfreundlichkeit erreicht werden. Plattformen wie Media@Komm oder www.kommforum.de als neues Kommunikations- und Informationsportal für kommunale Kooperation und Erfahrungsaustausch unterstützen den Aufbau der kommunalen eGovernment-Prozesse[22]; andere Marktplätze für öffentliche Auftraggeber wie *cosinex.com* oder für kommunale Auftragnehmer wie *InterSource.de* helfen bei einem innovativen und kostengünstigen Einstieg in die elektronische Beschaffung.

Wenn sich die Bürgerorientierung allgemeiner verbreitet, hat das erhebliche Konsequenzen für die Reorganisation der Verwaltungen, die untereinander neue Kooperationsbeziehungen entwickeln, über alle Amtsgrenzen hinweg. »Das setzt flexible, weniger gesetzesausführungsgebundene Kompetenzen voraus.«[23] Denn eine konsequente Bürgerdienstleistungsorientierung erfordert, alle Organisationsbeziehungen erstens im Netz und zweitens verknüpft zu betreiben, so daß der Bürger nur einen Ansprechpartner bzw. ein Portal hat, mit dem er kommuniziert, während alle Querbewegungen in den Ämtern und zwischen den Ämtern untereinander geregelt sind.[24] Die Portale können so konstruiert werden, daß die Bürger ihren Vorgang in den verschiedenen Ämtern verfolgen können: Transparenzerhöhung des Bearbeitungsstandes. Die Netz-

21 Microsoft 1999, 1.
22 Vgl. Welzel 2001.
23 Lenk/Wimmer/Traunmüller 2001, 2.
24 Lenk/Wimmer/Traunmüller 2001, 1 f.

struktur der Querbeziehungsorganisation könnte bei manchen Vorgängen die föderative Struktur zur Veränderung zwingen.

Spätestens dann, wenn die Politiker entdecken, daß die Qualität ›ihrer Verwaltungen‹ ein Argument sein kann, Wahlen zu gewinnen, werden sie sich in einen Wettbewerb der Angebotskonkurrenz begeben: Welche Kommune hat die bessere und die bürgerfreundlichste Verwaltung? Im Bereich der Standortkonkurrenz und der Wettbewerbe um Industrieansiedlungen sind das bereits heute schon Kriterien – auch zum grenznahen Ausland. In den Niederlanden z.B. werden Gewerbe- und Baugenehmigungen sehr viel schneller erteilt als in Deutschland (auch wenn der amerikanische Durchschnitt von einer Woche nicht erreicht wird).

Doch steht diese Entwicklung in Deutschland erst am Beginn. Viele Restriktionen sind zu bewältigen:

- die Einführung einer rechtsverbindlichen digitalen Signatur auf europäischer Ebene,
- erwartete Investitionskosten von 12 Mrd. DM bis 2005 für alle Gemeinden (das Deutsche Institut für Urbanistik schätzt 23 Mrd. DM bis Ende 2009),
- die Schwierigkeit, für die anstehenden Aufgaben eigene Fachkräfte für die Informationstechnologie zu bekommen; die Gehaltsdifferenz und die atmosphärische Differenz zur Wirtschaft ist immer noch erheblich, wie eine aktuelle Untersuchung von Mummert + Partner ergab,
- Software-Probleme (keine Windows-Kompatibilität vieler Datensysteme der Kommunen),
- Probleme des noch fehlenden Zugangs für Angestellte zum Internet,
- die Quervernetzung nicht nach Zuständigkeiten, sondern nach schnellen und flexiblen Servicepaketen für die Bürger und die Unternehmen.

Zusammenfassend können die Herausforderungen der öffentlichen Hand wie folgt zusammengefaßt werden:

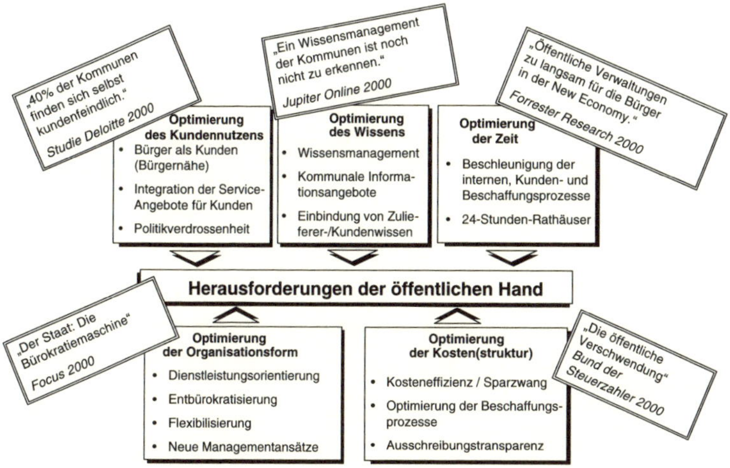

Quelle: Eigene Darstellung

Die Themen sind bekannt. eGovernment stellt neue Lösungsmöglichkeiten zur Verfügung: Es ist nur noch eine Frage der Zeit, wann es eingeführt wird. Deshalb sind der Kontext und Wirkung genauer zu betrachten. eGovernment ist mehr als nur ein neuer Modus der Verwaltungsmodernisierung: es ist der Zugang zum ›aktivierenden Staat‹, aber auch zu einem neuen Staatsmodell, das wir als ›effizienten Staat‹ einführen, der nicht als Kostensenkungsmaschine arbeitet, sondern das Wissen und die Einschätzungen der Bürger sehr viel stärker ins Spiel bringen kann. *eGovernment* verbindet sich mit einer neuen Dimension der demokratischen Planungsbeteiligung: *eDemocracy.*

Das hat längst auch die öffentliche Hand erkannt. Es sind nach einer Untersuchung der Beratung PriceWaterhouseCoopers nunmehr 85 Prozent, die an den Reformschub in Deutschland durch eGovernment glauben. Nur nicht in der eigenen Kommune selbstverständlich. Da sind es immer noch 67 Prozent, die zum Teil der Auffassung sind, daß eGovernment in ihrer Gemeinde aufgrund spezifischer Probleme mehr Theorie bleiben wird als Praxis.

	Stimmen Sie den folgenden Aussagen zur zukünftigen Bedeutung von E-Government zu?			
in %	stimme zu	stimme teils zu	stimme nicht zu	weiß nicht
„Das Gerede von E-Government ist nur eine Mode, die reale Bedeutung für die Verwaltung wird einfach überschätzt."	1	27	71	1
„E-Government eröffnet die Chance für einen neuen Schub der Verwaltungsmodernisierung."	85	14	0	1
„Die diskutierten E-Government-Konzepte klingen in der Theorie sehr gut, aufgrund der speziellen Umstände in unserer Stadt werden sich aber die meisten in der Praxis kaum verwirklichen lassen."	7	60	32	1
„E-Government wird die Arbeitsweise und Leistungserbringung der öffentlichen Verwaltung drastisch verändern."	62	32	5	1

Quelle: PriceWaterhouseCoopers, S. 11

Die Überzeugtheit vom eGovernment-Konzept wird allerdings von einer Umsetzungslücke begleitet: Nur 10 Prozent der Befragten haben tatsächlich eine bereits formulierte Strategie vorliegen (siehe Abb. folgende Seite).

Auch in der Schweiz, wo im Februar 2001 eine breitangelegte Studie zum eGovernment[25] vorgelegt wurde, sind diese Ergebnisse ähnlich: 14 von 22 Kantonen wollen in 2001 ihre Konzeptionsphase abgeschlossen haben. Auf der kommunalen Ebene hingegen ist die Umsetzungsfreude noch weit weniger ausgeprägt: So sehen

[25] Vgl. die Studie des Bieler Bundesamtes für Kommunikation, durchgeführt von Prognos 2001.

in %	Welche Planungskonzepte bestehen für die E-Government-Aktivitäten Ihrer Stadt? vorhanden	geplant	nicht geplant	weiß nicht
Ausformulierte Strategie	12	65	19	4
Budgetierung	14	42	35	9
Zeitplanung	14	47	33	6
Personalplanung	11	45	35	9

Quelle: PriceWaterhouseCoopers, S. 12

nur 24 Prozent der Gemeinden eGovernment als prioritäres Projekt. Ein Hauptproblem wird in der geringen Kooperationskultur gesehen, auch in den finanziellen und personellen Ressourcen. Es wird also spannend, welche Entwicklungen sich in den kommenden Jahren abzeichnen werden. Dieses Buch soll einige Hinweise und Systematisierungen bieten, damit eine intelligente Internetstrategie entwickelt werden kann. Denn daß es nicht immer funktionieren muß, haben die Pioniere der ersten Internet-Generationen eindrucksvoll belegt.

II. Neueröffnung des Öffentlichen

Moden, Funktionen und Paradoxien des Staates

Play it again Sam!
Moden der Staatsorganisation in Demokratien

Vater Staat, el padre gobierno oder Uncle Sam: Jedes Land hat seine eigene – vornehmlich männliche – Adressabilität mit Familienanschluß. Seit seiner Erfindung hat der Staat die vielfältigsten Ent- und Verwicklungen erlebt. Unsere These lautet, daß es sich um Moden handelt, die Uncle Sam immer wieder abwechselnd neu spielen darf. Der folgende politikhistorische Abschnitt gibt einen Überblick über die Diskussion der Staatsorganisation und der Politikverfahren, um ein Verständnis dafür zu wecken, weshalb das Thema des Electronic Government derzeit eine derartige Prominenz erfährt.

Die *Demokratie* gehörte seit Aristoteles bis ins 20. Jahrhundert hinein zu den Verfallsformen der Verfassung.[1] Aristokratische Mono- und Polykratien waren vorherrschend. Demokratische Politikformen sind, geschichtlich betrachtet, ein sehr modernes Experiment. Danilo Zolo sieht aber selbst die Demokratie noch in die alten Muster verstrickt als ›moderne Fürstenherrschaft‹[2], als eine den Bürgern enthobene Wahloligarchie. Das steht im Widerspruch zum Ideal der Demokratie, in der das Volk – die Gesamtheit seiner Bürger ohne Ausnahme – als Souverän der Politik einen ›Wähler-

1 Vgl. Priddat 1989.
2 Zolo 1998.

auftrag‹ gibt. Daß der Souverän von der Verwaltung, der Exekutive der Politik, wiederum als Untertan und Sujet der Politik behandelt wird, erweitert den paradoxalen Zustand: *›Der Bürger‹ taucht einerseits als Souverän, andererseits als Objekt seiner Souveränität im politischen Prozeß auf und unter.*

Diese Spannung läßt sich kaum auflösen. Die Konsequenz ist, daß ›die Bürger‹ in diesem für sie überkomplexen Prozeß durch Absenz ihre Präsenz bekommen.[3] Die Gruppe der Nichtwähler nimmt zu. In den Niederlanden wird das als ein gewichtiges Argument für eine neue Annäherung von Staat und Bürgern erachtet: als Konzept des ›approachable government‹.[4] Doch ist das kein prognostizierbares Gesetz. Albert Hirschman skizziert für dieses Phänomen einen so bezeichneten *›private-public cycle‹*: Bürger beziehen ein gewisses Vergnügen aus der Beteiligung an der Politik, am »öffentliche-Güter-Spiel«, wenn sie bestimmte Konsumniveaus erreicht haben. Wenn sie – wiederum zyklisch – von der Politik unter ihrer Beteiligung enttäuscht werden, reprivatisieren sie ihre Aktivitäten wieder.[5]

Diese Oszillation von Politikzu- und -abwendung weist auf Dynamiken hin, die von der ökonomischen Theorie der Politik wenig berücksichtigt werden: Die Neigungen zur Politik ändern sich, damit auch die Modelle der Politik, die Modelle der Politikprozesse wie auch z.B. die der wirtschaftspolitischen Intervention

---

3 Vgl. Somin 1998. Vgl. auch die aufgrund der rein technologischen Lösung etwas unbeholfene Reaktion des Schweizer Bundesrates, der zu den Maßnahmen gegen zunehmende Stimm- und Wahlabstinenz den ›Urnengang‹ per Telefon und Computer einführen will (Amstutz 1998).

4 Memorandum 2000.

5 Vgl. Hirschman 1982. Eine Konsequenz, die Hirschman nicht zieht, besteht in der in dieser Logik notwendigen Erhöhung der Attraktivität von Politik durch Entertainment bzw. als Medienereignis mit der Botschaft »Politik ist sexy!«

und Steuerung.[6] »Die Unterstellung von stabilen Zielen der Regierungspolitik und von allgemein geteilten Politikmodellen ist offensichtlich unrealistisch. Die Verteilung der Macht ist nicht stationär, die Koalitionen, die den Staat kontrollieren, wechseln über die Zeit, mit ihnen die Ziele der öffentlichen Politik. Zudem ist Wirtschaftspolitik in einer Welt knapper Informationen und knappen Wissens oft ein Tappen im Dunkeln. Die Schlüsselfiguren sind sich nicht nur über die politischen *Ziele* uneins, sondern auch über das Politik*modell* selbst.«[7]

Die Moden der Politik wechseln wie die Staatstypen auch.[8] Phasenweise werden bestimmte Formen der Politik anvisiert, zum Teil realisiert, um dann von anderen abgelöst zu werden.[9] Eines ist den Moden aber gemein: Der Wechsel der Politikmoden bewegt sich immer innerhalb derselben Matrix von Erkenntnis der Steuerungsillusion, der Partizipationsmissionierung und einer Wohlfahrtsunterstellung – kurz: die besten Voraussetzungen für ein »Play it again Sam!« Nur einige dieser Ideen und Rhetoriken sollen hier skizzenhaft rekapituliert werden:

(1) Im 19. Jahrhundert war die Idee der Demokratie zweifach gespeist: einerseits aus liberalen und andererseits aus sozialreformerischen Vorstellungen. Auf dem europäischen Kontinent hat sich eine Form des Sozial- und Wohlfahrtsstaatspaternalismus herausgebildet, dem in England und den USA eher liberale Modelle gegenüberstanden, die bis heute die Staatskulturen unterscheiden. Der *Sozialstaatspaternalismus*, im Wilhelminischen Kaiserreich entwickelt, konnte ohne demokratische Politik auskommen. Er wurde als Substitut einer Demokratie eingeführt, allerdings mit

6 Dixit 1996; North 1990; Wegner 1996; Eggertsson 1997 und 1998a und 1998b; Weiß 2000.

7 Eggertsson 1997, S. 5, eigene Hervorhebung.

8 Vgl. dazu March/Olsen 1989.

9 Vgl. auch hier Eggertsson 1997.

Zugeständnissen der staatlich überwachten, relativen Autonomie in den Sozialversicherungsverwaltungen (wie zuvor bereits in den kommunalen Selbstverwaltungen).

(2) Dagegen waren die eher *republikanisch-demokratischen Staatsformen* wie die der jungen USA anti-etatistisch ausgeformt: Der Staat habe die reinen öffentlichen Güter zu gewährleisten, alles andere organisiere die Gesellschaft sich selbst – privat oder bürgerschaftlich. Formen der direkten Demokratie blieben lokal virulent, verbunden mit einem geringeren Anspruchsbewußtsein gegenüber dem Staat, dem Wohlfahrtsaufgaben zu überlassen man skeptisch eingestellt blieb. Die Republik selbständiger Bürger brauchte keinen Staat für das, was sie selbst organisieren konnte. Der Staat steht nun unter dem Verdacht der Machtanmaßung.[10]

(3) Insbesondere der *Wohlfahrtsstaat*, vornehmlich im kontinentalen Europa forciert, brachte periodisch Selbstüberlastung. Auch heute stehen wir wieder an der Schwelle der Änderung des Politikmodells. Bis in die siebziger Jahre dominierte der Wohlfahrtsstaat (wenn auch im transatlantischen Bereich in unterschiedlichen Schattierungen – zum einen mehr liberal, zum anderen mehr staatspaternalistisch). Die Dekomposition des überaggregierten Wohlfahrtsstaates wurde seit den achtziger Jahren mit ›neoliberalen‹ Modellen angegangen, die in bestimmten Arenen (Entstaatlichung, Privatisierung, Deregulierung) erfolgreich waren, in Fragen des institutionellen Designs aber versagten: Neoliberale Politik, als reine Disaggregation aufgefaßt, verunsichert die Bürger in der Gewährleistungsfunktion des Staates. In der Unschärfe von Effizienz und Sicherheit wurde die einseitige Effizienzmodellierung politisch riskant. In Deutschland hielt man trotz leidlich neoliberaler Rhetorik an korporatistischen Partizipationsmodellen fest.

10 Vgl. auch Priddat 2000g.

(4) *Korporatistische Partizipation* bezieht sich nicht auf Formen der direkten Demokratie, sondern auf Beratung und Einverständnis durch Bürgereliten, die sich in Verbänden, Vereinen, Kirchen, Gewerkschaften, NGOs etc. organisieren.[11] Als Repräsentanten ihrer Clubmitglieder sind sie Partialinteressenvertreter, die einerseits die Politik mitgestalten, zum anderen aber die ausgehandelten Kompromisse als Verpflichtung tragen und ihren Mitgliedern ›verkaufen‹.[12] Sie bringen die Präferenzen ihrer Klientel ein und beeinflussen sie auf der anderen Seite. Korporatistische Politik dient der Politikstabilisierung und -durchsetzung, allerdings – so der vielfach diskutierte Vorwurf – immer auf Kosten der Exklusion vieler anderer Bürger. Oft wird eine ›Herrschaft der Verbände‹ beklagt, die verfassungswidrig Bestimmungsmacht erlangt und somit das allgemeine Demokratieprinzip verletzt. Es ist eine Form der Steuerung der Politik durch Konsens *relevanter* Politikadressaten. Diese Form der ›konsensualen Steuerung‹ wird riskant für den Staat, wenn die korporativen Verbände ihre Mitglieder nicht überzeugen oder halten können, wie es heute für die Arbeitgeberverbände wie die Gewerkschaften (und Kirchen) der Fall ist.[13] Die modernere Variante wurde »Verhandlungsstaat« genannt.[14]

(5) So wie auf den überzogenen Wohlfahrtsstaat in Ermangelung institutioneller Innovationen mit Vorstellungen eines *›minimalen Staates‹* neoliberal reagiert wurde, erzeugen diese Anmutungen im Gegenzug Wünsche nach einer direkten Demokratie, um das Politik-Controlling zu verbessern (verstärkt dadurch, daß die Bürger das ganze Ausmaß korrupter Politikverflechtung, z.B. im ›System

11 Priddat 2001.

12 Vgl. auch BMWI 2000.

13 Priddat 2001.

14 Vgl. Czada/Schmidt 1993; darin insbesondere Scharpf 1993b. Vgl. auch den ›corporate bargaining state‹ bei March/Olsen 1989. Vgl. zur Rolle der Gewerkschaften in der globalen New Economy auch Littmann/Jansen 2000.

Kohl‹ erkennen mußten). Staatsminimalisierung auf der einen Seite und direkte Demokratie auf der anderen sind Komplementäre mit der besonderen Nuance, daß dann, wenn der Staat und sein Einfluß verkleinert werden sollen, nicht gleichzeitig der Einfluß der Politik (und der Wähler auf die Politik) ebenfalls schwinden. Wir erleben den Beginn einer – für deutsche Verhältnisse relativ neuen – Unterscheidung zwischen Staat und Politik. Aber dieser Paradigmenwechsel verläuft natürlich zögerlich.

In Deutschland werden kaum liberale Radikalismen gepflegt; die deutsche Vorstellung vom ›minimalen Staat‹ bezieht sich weniger auf eine verstärkte Eigenverantwortung der Bürger als vielmehr auf die ›*Verschlankung des Staates*‹ mit eingeschlossenem Bürokratieabbau.[15] Damit sind Vorstellungen der Staatsausgabenreduktion verbunden, bis hin zur Minimierung des Leidens an der Bürokratie. Daß ein ›schlanker Staat‹ zugleich eine Verschlechterung der Dienstleistungsqualität bedeuten würde, wird kaum beachtet[16]; obwohl die Gesellschaft sich diese gerade sehnlichst verbessert wünscht. Wie im folgenden noch ausgeführt wird, bekommen wir es mit der Paradoxie der Staatsverschlankung bei gleichzeitiger Verbesserung der Leistungen zu tun.

(6) In der aktuellen Diskussion geht es nicht erst seit Aufkommen der Vokabel »Wissensgesellschaft« immer mehr darum, die Wissensunsicherheiten seitens der Politik aufzunehmen und neue Handlungsoptionen zu generieren, die der Staat und die Politik allein nicht erfinden können: »Demokratie ist vor allem ein Prozeß der Generierung von Optionen.«[17] Es geht nicht darum, prinzipiell mehr Partizipation einzuführen – nicht um politische Präferenzen oder Ideologien –, sondern um neue Formen der *öffentlichen Politik*, die den Optionenraum erweitert. Dabei ist es

15 Vgl. Hagen 2000, S. 247ff.
16 Außer z.B. bei Hesse 1998, S. 260f. und Priddat 2000c.
17 Übersetzt von Hayek 1960, S. 108; vgl. auch Wohlgemuth 1999.

zunächst unerheblich, ob dies durch eine top-down-Politik mit der Legitimationsressource »Staat«, durch die bottom-up-Politik mit der Legitimationsressource »Bürger« oder durch neue kooperative Politikverfahren mit hybriden Ansätzen geschieht.[18] Es geht um eine neue Politik, in der »Gesellschaft betrachtet wird als ein System der Kooperation zwischen Individuen zu ihrem wechselseitigen Vorteil. Aus dieser Perspektive besteht die hauptsächliche Rolle der Regierung nicht darin, das öffentliche Wohl (social good) zu maximieren, sondern darin, eine Rahmenordnung von Regeln aufrecht zu erhalten, innerhalb derer Individuen frei handeln können, um ihre eigenen Ziele zu verfolgen.«[19]

Die Definition eines neuen Politikmodells bei Robert Sudgen ist zum einen gegen wohlfahrtsökonomische Optimierungsphantasien gerichtet, zum andern eine Reformulierung in der klassischen liberalen Version eines Staates als Bürgergesellschaft. Die Qualität dieser Konzeption hängt von der Qualität ihrer Regeln ab, von ihrem institutionellen Design. Die Regeln, die hier ins Spiel kommen, sind Selbstbindungen der Bürger durch die Fiktion ›sozialer Verträge‹. Sie binden die Bürger wie auch die Politik selbst, indem sie spezifische Anreiz-/Beschränkungs*muster* ausbilden.[20]

Doch sind die Muster variant, weil der Politikprozeß als ein Kommunikationsprozeß von öffentlichen Meinungen, die politikrelevant werden, zu verstehen ist.[21] »Für eine Demokratie – als Prozeß der Kommunikation, Entdeckungen von Möglichkeiten

---

18 Vgl. dazu Weiß 2000.

19 Sudgen 1993, S. 1948.

20 Vgl. North 1990. Aber auch: Brennan/Buchanan 1993.

21 Vgl. auch North 1990, der die Rolle der Ideologien im politischen Prozeß betont. »An die Stelle der Entscheidungsregel, diejenige Handlungsalternative zu wählen, die den größten subjektiven Nutzen verspricht, tritt eine *persuasive Handlungsorientierung*. Gewählt wird diejenige Handlungsalternative, für die sich die größte argumentativrhetorische Stützungsleistung innerhalb des Wissenssystems des jewei-

und des Lernens – ist es bedeutsam, daß die Wahlen Gelegenheiten und Anreize für Politiker und Bürger schaffen, an einem permanenten Prozeß der Meinungsbildung teilzunehmen. Dieses Verständnis von Demokratie als Prozeß der Kreation und Entdeckung von politischen Meinungen korrespondiert eng mit Hayeks Auffassung des (ökonomischen) Wettbewerbs, der ›wesentlich ein Prozeß der Meinungsbildung‹ sei. […] Er entfaltet den Blick dafür, was die Menschen für das Beste und Billigste halten, und zwar deshalb, weil die Menschen letztlich über diesen Prozeß mehr an Möglichkeiten und Gelegenheiten wissen als sonst.«[22]

Die neue Politik – die auch in Blairs, Clintons und Schröders ›new governance‹-Überlegungen anklingt – operiert mit neuen Regeln (soziale Investitionen statt Umverteilung) wie mit zivilgesellschaftlichen Momenten der Redelegation von öffentlichen Aufgaben an die Bürger selbst.[23] Die ›*new governance*‹ oder – nahezu identisch konstruiert – ›*progressive governance*‹[24] ist kein Steuerungsprogramm als Interventionserneuerung, sondern ein politischer Rahmen (im Sinne einer indirekten kontextuellen Steuerung), innerhalb dessen neue Kooperationsformen von Staat und Gesellschaft, von Politik, Administration und Bürgern generiert werden sollen. Politik wird als Netzwerkstruktur reformuliert[25] – das ist die Schnittstelle zum eGovernment.

---

ligen Akteurs mobilisieren läßt. […] Handlungsleitend werden jene Gründe und Deutungen, die für den Handelnden *in gedachter Anwesenheit eines Publikums die größte persuasive Kraft auf ihn selbst* entfalten können.« (Nullmeier 1993, S. 191; vgl. auch Bohlender 1995, S. 25 ff. und 231 ff.; generell: Münkler/Fischer 1999, S. 258 ff.).

22 Wohlgemuth 1999, S. 15; Zitat von Hayek 1946/48, S. 106 (beides eigene Übersetzung).

23 Vgl. Schröder 2000; Gabriel 2000; Berlin Communiqué 2000.

24 Berlin Communiqué 2000.

25 Eine solche Politiknetzwerkstruktur wird als schwach formalisiertes, auf längere Kooperation angelegtes Verhandlungssystem formuliert. Vgl. dazu aktuell Weiß 2000, S. 83.

Die Politik will sich zum einen von der Überlast *(excess burden)* des Wohlfahrtsstaates befreien (und damit die Bürger fairer bedienen), zum andern soll sie mit Hilfe des Wissens der Bürger die politischen Entscheidungen qualifizieren (wissensgetriebene Demokratie). Sie öffnet Arenen für neue Handlungsoptionen, die sie im einzelnen nicht vorgibt. Damit wird die Kommunikation öffentlicher Meinungen zum zentralen Produktionsprozeß des neuen öffentlichen Gutes ›Politik‹[26], gestützt durch Kommunikationstechnologien, die den politischen Diskurs auf ein neues Niveau hinsichtlich der Zugangsmöglichkeiten heben.[27]

Thrainn Eggertsson faßt es in seiner Analyse der restringierten Möglichkeiten heutiger Wirtschaftspolitik ahnungsvoll unzulänglich zusammen: »[...] die voranschreitende Informationsrevolution wird die Gesellschaft ebenso grundsätzlich beeinflussen wie es die Industrielle Revolution tat, aber niemand weiß, welche Typen sozialer Experimente die neue Revolution einleiten.«[28]

Eines dieser sozialen Experimente können wir jetzt bereits angehen, weil der Staat, der als *›progressive governance‹* von der Gesellschaft Innovationen fordert, selbst neue Optionen eröffnet: »Wie ernst sie es mit ihren Aufforderungen zur Innovation meinen, können die Regierungen am besten in ihren eigenen Aktivitäten demonstrieren. Unter den vielen Arten der Politikmodernisierung haben die Regierungen die Möglichkeit, neue Technologien zu nutzen, vor allem die neuen Informations- und Kommunikationstechnologien, um ihre Dienstleistungen für die Bürger zu verbessern [...] vor allem neue Ansätze, um die Bürger in die Politikentwicklung einzubeziehen. [...] anstelle des Konzeptes des ›schlanken Staates‹.«[29]

---

26 Weiß 2000, S. 83f.

27 Schuler 1998; Magaziner 1998; Barber 1998; Leggewie/Maar 1998.

28 Eggertsson 1997, S. 24 (eigene Übersetzung).

29 Meyer-Krahmer 2000, S. 3 (eigene Übersetzung).

Wenn wir diese aktuelle Diskussion verfolgen, dann kann man die neuen Moden in die beiden Dimensionen (I) neues Selbstverständnis der Demokratiefunktion unter Berücksichtigung der eDemocracy und (II) neues Selbstverständnis der Staatsfunktion unter Berücksichtigung des eGovernments aufteilen.

(I) Neues Selbstverständnis der Demokratiefunktion
Die in der Mitte der neunziger Jahre begonnene Diskussion um die ›*elektronische Demokratie*‹ ist längst kein utopisches Projekt mehr, wie es die erregt diskutierte ›Teledemokratie‹ der siebziger Jahre eigentlich noch war.[30] Sie stellt nicht die Wahlverfahren auf Knopfdruck um, sondern eröffnet völlig neue Informations- und Beteiligungslandschaften über das Internet: Netzwerkinteraktionen.[31] Der Topos Kommunikation, der für die politische Ökonomie entdeckt wird[32], erstreckt sich heute über den medialen Diskurs der Öffentlichkeit hinaus auf ein Kommunikationsmedium, dessen eigenständige Valenz gerade neu entdeckt wird: das Internet. Kommunikation ist nicht mehr nur Diskurs und Öffentlichkeit, sondern eine informationstechnologische Struktur, die eigene, multiple und diversifizierte Öffentlichkeiten herstellt. Die ›Macht der Medien‹ wird durch Medien eigener Macht komplettiert.[33]

Es geht nicht um anonymes Einspeisen von Wahlentscheidungen

[30] Vgl. Zolo 1998, S. 204; Hagen 1997

[31] Vgl. für die Entwicklung in Deutschland Stradtmann 1998.

[32] Vgl. Kap. I Fn. 12, 13

[33] Wenn auch das wieder kritisch gesehen wird: z. B. Sassen 2000; Schmalz-Bruns 2000. Dabei ist nicht zu befürchten, daß die klassischen Medien (Print, TV und Rundfunk) außer Kraft gesetzt werden. Sie bleiben notwendig komplementär bestehen, weil das Internet wiederum sortierende und orientierende Medien braucht. Das Internet thematisiert nichts selbst, sondern nur die Nutzer. Presse und Fernsehen werden neue Bedeutung bekommen als Leitmedien der thematischen Fokussierung des Internetüberangebotes. Beide Medienarten schaukeln sich wechselseitig hoch.

auf technisch neue Art, sondern um Informations- und Transparenzdimensionen zur Entscheidungsfindung, wie sie zuvor nicht möglich schienen.[34] Internet-*communities* können untereinander absprechen, was in welcher Form gestaltet werden soll. Das Internet schafft nach dieser Vorstellung *policy networks*, Kommunikationsarenen oder wie wir sie nennen wollen: *eGoras* (electronic agoras).

Dennoch ist diese Form der *eDemocracy* – wie wir zeigen werden – nur ein Aspekt des neuen vernetzten Politikparadigmas. Benjamin R. Barber unterscheidet drei Formen der Demokratie:

1. die »*dünne*« oder »*repräsentative Demokratie*«,
2. die »*plebiszitäre Demokratie*« und
3. die »*strenge Demokratie*«.[35]

Die repräsentative Demokratie erzeugt relativ passive Bürger, sogenannte ›*monitors*‹.[36] Barber hebt die »strenge Demokratie« als die geeignete Form im Informationszeitalter hervor: »In direkten Demokratien sind die Bürger unmittelbar daran beteiligt, sich selber zu regieren, wenn auch nicht in allen Angelegenheiten und nicht jederzeit, so doch in einigen Angelegenheiten und in bestimmten Zeiten.«[37]

Barbers Plädoyer für die Demokratie als reflexive Instanz steht gegen Bill Clintons Versprechen, das *eGovernment* als ein »high-speed, high-tech, user-friendly government« einzuführen.[38] Die

[34] Vgl. zur amerikanischen Diskussion der eDemocracy einführend Norris 2000, Chapter 5.

[35] Barber 1998, S. 4.

[36] Barber 1998, S. 4. Der Begriff ›*monitors*‹ stammt von Schudson 1998, der ihn positiv als ultima ratio des demokratischen Bürgers verwendet. Zu den plebiszitären Modellen notiert Barber, »few would argue that the plebiscitary model is anything other than a corruption of deliberative democracy« (S. 5).

[37] Barber 1998, S. 5.

[38] The White House, Office of the Press Secretary, 24. Juni 2000; Remarks By The President In First Internet Webcast.

Spannung zwischen Geschwindigkeit und Reflexivität (Diskursdauer als Diskursqualität) bestimmt fortan die Formen der Organisation von der Politik, in denen sich differente Entscheidungsarenen ausbilden werden, die auf die verschiedenen Geschwindigkeitsanforderungen unterschiedlich reagieren und antworten.

Hier wird ein Thema angesprochen, das für den Wandel der Formen von Demokratie nicht nur unter dem Gesichtspunkt der eDemocracy bedeutsam ist: Demokratie wird partizipativer verstanden als das bloße Einbringen von Präferenzen und Erfahrungen (Wissen) der Bürger in Entscheidungszusammenhänge. Zugleich wird eine neue Legitimationsebene entfaltet: die Formen direkterer Demokratie dort einzuführen, wo die Bürger als kompetent gelten, also nicht auf allen Ebenen. Das verstößt anscheinend gegen das egalitäre Demokratieprinzip, alle Bürger mitentscheiden zu lassen in allen Fragen, die sie angehen. Formal fordert Demokratie die Option für alle Bürger zur Wahl, nicht ihre Pflicht. Barbers Hinweis ist insofern neu, als er nicht nur Politik als Resultat von Engagement und Thematisierung beschreibt, als einen keimhaft sich selbst organisierenden Prozeß, der alle, die es angeht, hineinzunehmen anbietet, sondern daß er auf die Zeitcharakteristik dieses Prozesses eingeht. Nicht die Dauer ist entscheidend, sondern daß ein Prozeßraum eröffnet wird, innerhalb dessen eine langsam sich aufbauende und modifizierende Thematisierung stattfindet, die die Eingangspräferenzen ändert.[39]

[39] Vgl. auch Slaton 1998 und Fishkin 1998. Der Politikprozeß wird als ein Präferenzgenese- und Änderungsprozeß eingeführt; hier beginnen neue Qualitäten, die nicht als Frage-Antwort-Abstimmungsspiel laufen, sondern als inszenierter Diskurs. eDemocracy bekommt über das Internet eine neue Diskursqualität. Burt Mulders z.B. entwirft eine post-parlamentarische Form der Demokratie, in der die politischen Entscheidungen dezentriert und die parlamentarische Willensbildung auf eine Öffentlichkeits- und Allokationsfunktion reflexiv zugeschnitten werden (Mulder 1999, S. 560–564).

Die euphorischen Phantasien der digitalen und allgemeinen Demokratisierung moderner Gesellschaften werden inzwischen selbst in den USA vorsichtiger und nüchterner betrachtet[40] – in Deutschland mit gewohnter Tradition ohnehin.[41] Der Kern der Möglichkeiten von eDemocracy schält sich heraus: eDemocracy ist eine neue Variante von direkter Demokratie. Direkte Demokratien sind Instanzen des Monitoring der Politik durch die Bürger. Wir haben es mit Projekten der Regulation der Regulation zu tun, mit einer Demokratie zweiter Ordnung, weil die Demokratie sich auf sich selbst anwendet: als die Wiedereinführung des Politischen in die Politik.

eDemocracy kann man sinnvoll als Ausweitung der Demokratie zweiter Ordnung neu konfigurieren: als durch das Internet ermöglichte Ausweitung der Planungs- und Entscheidungsbeteiligung von Bürgern am Politikrealisierungs- und nicht nur am Wahlprozeß. eDemocracy ist keine technisch neue Form des Wählens, sondern wird selbst ein Element einer neuen Politik, die die Bürger stärker als bisher in den Politikprozeß hineinnimmt. Damit lautet die einfache – wenn auch nicht voraussetzungslose – Aussage der eDemocracy: »Politik statt Wahl!«

eDemocracy wird damit zur Form der Wissenskommunikation, die der Staat für seine Steuerung benötigt. Er kommuniziert mit den Bürgern die Politik, nicht nur im ›Wahlkampf‹, sondern im laufenden Politikprozeß.

(II) Neues Selbstverständnis der Staatsfunktion

eGovernment auf eine weitere rhetorisch plazierte Spielart des ›schlanken Staates‹ zu reduzieren erschließt seine Möglichkeiten und Potentiale nur unzureichend. Ohne der Definition vorzugrei-

---

[40] Vgl. hierzu insbesondere die Ausführungen bei Norris 2000.
[41] Vgl. Schmalz-Bruns 2000.

fen, geht es nicht nur um eine – technologisch gestützte – Verschlankung des Staates, d.h. seiner Verwaltung, sondern es geht um die umfassende Reform des Staatstypus. Es wäre voreilig gedacht, lediglich die Kosten des Staates zu senken und die gleichen Leistungen wie bisher zu erwarten. Dennoch – wie wir zeigen werden – steht ohne jeden neoliberalen Druck mehr denn je zur Diskussion, was der Staat leisten kann und soll und – noch wichtiger – wer es leisten kann und soll. Bei den Verwaltungswissenschaftlern und Organisationstheoretikern James G. March und Johan P. Olsen findet sich eine Unterscheidung nach vier Staatstypen, in die sich das eGovernment neu einreihen läßt:

I. der souveräne Staat (»the Sovereign State«),
II. der Institutionenstaat (»the Institutional State«),
III. the Supermarket State und
IV. der Verhandlungsstaat (»the Corporate Bargaining State«).[42]

March und Olsen definieren mit ihren vier Staatstypen verschiedene Organisationsmuster, die das Verhältnis von Politik, Verwaltung und Bürger jeweils anders konstellieren.

I. *The Sovereign State:* »Die *Rolle des Staates* besteht hier darin, die Gesellschaft nach politischen Präferenzen und Konzepten einer gerechten Gesellschaftsordnung zu gestalten. Gewonnene Wahlen geben den Politikern Autorität und legitime Gestaltungsmacht, als Architekten der Gesellschaftsordnung zu fungieren. Die *Verwaltungsorganisation* hat daher *instrumentalen Charakter.* Die staatliche Bürokratie fungiert als neutrales Instrument zur Durchsetzung politischer Ziele. Das *Standard-Organisationsmodell* ist die *Ministerialverwaltung*, eingebettet in ›eine Hierarchie von Einfluß, Verantwortung und Kontrolle‹.«[43]

[42] Vgl. zu dieser Ausdifferenzierung March/Olsen 1989.
[43] Schuppert 1998, S. 30, eigene Übersetzung.

II. *The Institutional State:* »Die primäre *Aufgabe des Staates* besteht in diesem Modell darin, die bestehenden politischen und gesellschaftlichen Strukturen zu gewährleisten und die Autonomie der verschiedenen institutionell umhegten gesellschaftlichen Bereiche zu respektieren. Im Gegensatz zum obengenannten Staatstyp ist der Charakter der Verwaltungsorganisation *nicht instrumentell* zu verstehen. *Institutionen* stellen sich als *Träger von Kulturen, Werten und Identitäten* dar. Organisationen werden nicht planvoll gestaltet oder ›designed‹, sie entwickeln sich langsam in einem gewissermaßen natürlichen historischen Prozeß. Institutionenveränderungen sind weniger das Ergebnis geplanter Organisationsentscheidungen, sondern stellen sich als schrittweise, allmähliche Anpassung an Veränderungen der Organisationsumwelt dar. Gezielte Organisationsveränderungen vollziehen in der Regel nur schon tatsächlich stattgefundene Veränderungen nach. Sie sind – so March und Olsen – ›symbolische und rhetorische Ereignisse, die die Öffentlichkeit erziehen und das Meinungsklima verändern‹.«[44]

III. *The Supermarket State Model:* »Im sogenannten Supermarkt-Modell besteht die *Rolle des Staates* darin, auf dem Markt als einer von mehreren Anbietern von Gütern und Dienstleistungen aufzutreten. Die zentralen Werte, die alle Organisationsentscheidungen steuern, heißen Überlebensfähigkeit, Flexibilität, Wirtschaftlichkeit und Effizienz. Das Zauberwort heißt *Wettbewerb.* Das *Standard-Organisationsmodell* ist das auf einem Wettbewerbsmarkt operierende *öffentliche Unternehmen.* Verwaltungseinheiten sind nur ein Typ unter anderen am Markt handelnden Akteuren. Die Verwaltungskultur ver-

[44] Schuppert 1998, S. 30f., eigene Übersetzung.

ändert sich, von einer administrativen Kultur hin zu einer Service-Kultur‹.«[45]

IV. *The Corporate Bargaining State:* »Im korporatistischen Verhandlungsstaat vermitteln gewonnene Wahlen nicht wie im Modell I ein umfassendes Mandat zur Gesellschaftsgestaltung, sondern ›nur‹ einen Platz am Verhandlungstisch, und die formale Hierarchie ist nur ein Kontrollinstrument unter anderen. Die organisierten Interessen haben direkten Einfluß auf die Formulierungen und die Umsetzung politischer Programme. Die staatliche Bürokratie ist nicht mehr unparteiisches Instrument, die öffentlichen Bediensteten werden zu ›key players‹ im politischen Prozeß als Repräsentanten von Institutionen, Werten und Klienten. Ihr Rollenverständnis ist nicht das eines unparteiischen Richters, sondern sie agieren als Schlichter, Verhandlungsführer und Konfliktmittler. [...] Anders ausgedrückt ist der Staat zunehmend *Moderator* politischer Entscheidungsprozesse, ist – um es auf den Begriff zu bringen – ›état catalysateur‹, so muß dies auch auf seine Verwaltung, ihre Handlungsformen, ihre Steuerungsinstrumente, ihren Handlungsstil durchschlagen: ›dem état catalysateur‹ entspräche eine ›administration catalysatrice‹, dem vermittelnden Staat eine vermittelnde Verwaltung.«[46]

Die aktuelle Staatsorganisation ist – nach diesem Kriterienraster von March und Olsen – eine Mischung (Hybrid), mit etlichen Verschiebungen und Übergangsbewegungen. Natürlich haben wir im aktuellen Staat noch viele Elemente des ›sovereign state‹ (I), auch im Selbstverständnis von Politik und Verwaltung. Der ›sovereign state‹ ist identisch mit dem klassischen deutschen Staatsverständnis, inklusive seiner politisch neutralen Beamtenschaft.

[45] Schuppert 1998, 31 f., eigene Übersetzung.

[46] Schuppert 1998, 33 f., eigene Übersetzung. Vgl. zu der Idee des ›état catalysateur‹ Keane 1988, S. 1–30.

Allerdings arbeitet der Staat faktisch längst anders, auf allen kommunalen, Länder- wie Bundesebenen. Viele Regierungs- und Verwaltungseinheiten arbeiten teilweise längst nach dem Supermarkt-Modell (III), mit outgesourcten Verwaltungseinheiten, die als öffentliche Unternehmen marktfähig wurden (sogenannte Eigenbetriebe). Der Erfindungsreichtum ist genau an dieser Stelle enorm, sich als Verwaltung vor sich selbst zu schützen.

Innerhalb dieses Modells IV ›corporative bargaining state‹ wandelt sich das klassisch deutsche korporatistische Arrangement (kooperativer Staat[47]) (IVa) über die Verhandlungsdemokratie (IVb) zum moderierenden Staat (IVc).[48]

Der Veränderung des Staatstypus IVa–IVc laufen organisatorisch adaptierte Verwaltungsformen parallel:

(IVa) Kooperativer Staat → kooperatives Verwaltungshandeln
(IVb) Verhandelnder Staat → aushandelnde Verwaltung
(IVc) Moderierender Staat → konfliktvermittelnde Verwaltung

Gunnar F. Schuppert reformuliert hier die Ergebnisse der Steuerungsdiskussion in der Soziologie[49] und Ökonomie[50] als Ausweitung des March/Olsen-Staatstypus IV. Dietrich Fürst hebt heraus, »daß der Staat zunehmend weniger autonom steuern kann, sondern zunehmend in die *Rolle des Moderators* von laufenden Prozessen gedrängt wird, wobei seine wichtigste Aufgabe darin besteht, die Handlungsprämissen dieser Prozesse zu beeinflussen, insbesondere die Spielregeln für gesellschaftliche Problembearbeitungsprozesse vorzulegen.«[51]

Wenn der Staat vornehmlich als Moderator auftritt (und seine

47 Vgl. hier grundlegend Ritter 1979; Schuppert 1998, S. 36ff.
48 Siehe auch hier Schuppert 1998, S. 36ff.
49 Vgl. z.B. Willke 1992, 1997.
50 Vgl. z.B. Wegner 1996, Noll/Ebert 1998.
51 Siehe hierzu Fürst 1987, S. 27.

Verwaltung als konfliktvermittelnde Instanz), setzt dies voraus, daß die Gesellschaft und ihre Wirtschaft sich auf ein Maß an Selbstorganisation einstellen, das nicht mehr mit einem intervenierenden Staat rechnet. Der Staat und seine Verwaltung treten stärker als kommunikative Institutionen in Erscheinung (und zwar in allen Dimensionen von IV)[52], ohne ihre Regulierungsfunktion aufzugeben.[53]

Der Staat nähert sich nicht nur – als ›new public management‹[54] – bestimmten Managementkonzepten, wie sie in der Privatwirtschaft längst praktiziert werden, sondern trifft als moderierender Staat nicht mehr auf gewohnt stabile und lokalisierbare Interventionsadressaten, sondern auf flüchtige, permanent wechselnde *Netzwerke*[55], die nicht mehr den klassischen Korporationen entsprechen[56]: auf Unternehmensnetzwerke in verschiedensten Ausprägungen, auf Dritt-Sektor-Netzwerke – *und auf die neuen, funktionssystemübergreifenden Netzwerkpotentiale der Gesellschaft im Internet.*

Der sich derzeit abzeichnende Trend zu einer *eDemocracy* und zum *eGovernment* ist keine Mode, die wieder verschwindet.[57] Sie hat das Potential zur radikalen Veränderung, zu einer grundlegenden Neubestimmung des Verhältnisses Bürger/Politik und Bürger/Verwaltung, mit Konsequenzen für das Verhältnis Politik/Verwaltung. Ihre neue Qualität ist ihre Netzwerkstruktur, die keine Mischung (Hybrid) zwischen Markt und Staat oder Markt und

52 Schuppert 1998, S. 44 und S. 44ff.
53 Schuppert 1998, S. 46ff.
54 Budäus 1998b.
55 Vgl. Schupperts abschließende Konklusion der »Entgrenzung des Verwaltungssystems durch symbiotische Organisationsstrukturen und Netzwerke«: Schuppert 1998 58f., mit Bezug auf Kenis/Schneider 1991.
56 Kritisch: Priddat 2001.
57 McDonough 2000, S. 9.

Organisation bildet, sondern eine Koordinationsform eigener Qualität.[58] Damit wird weiterhin um die Paradoxie gerungen, daß die Bürger einerseits Souverän der Politik sein sollen, andererseits als Interventionsempfänger unter den Verwaltungen leiden müssen.

Die wichtigsten Ergebnisse der Politikmodelle des ausgelaufenen 20. Jahrhunderts lauten: »Wiederentdeckung der Anreize, Informationsprobleme und der Komplexität«.[59] Die technologische und soziale Netzwerkstruktur wäre in dieser kleinen Liste zu ergänzen. Sie bilden das Rückgrat für ein *eGovernment*.

Der glokale[60], private, diätische Dienstleistungsstaat Paradoxe Herausforderungen politischen Handelns

Diese Entwicklungen von Moden im Selbstverständnis des Staates und seiner Organisationsformen weisen auf basale Paradoxien hin.[61] Ebenso wie in Wirtschaftsorganisationen Paradoxien von Dezentralisierung und Zentralisierung, von Kontrolle und *Empowerment*, von Kosteneinsparung und Qualitätssteigerung der Leistungen etc. zu beobachten sind, können wir sie vergleichbar auch in der Staatsorganisation feststellen.

Insbesondere aber die Paradoxie der aktiv vom Staat einzuleitenden Selbstbescheidenheit hinsichtlich seiner Aktivität[62] – im Rahmen von der Produktion bindender kollektiver Entscheidun-

[58] Powell 1990, S. 217f.; Weiß 2000, S. 78ff.; vgl. auch Herrmann-Pillath 2000.

[59] Eggertson 1997, S. 14, eigene Übersetzung.

[60] Glokal = global *und* lokal.

[61] Vgl. zu Paradoxien und die Figur der Oszillodoxie grundlegend Littmann/Jansen 2000.

[62] Als aktivierender Staat, wie es in Schilys Diktion heißt.

gen sowie in der Produktion öffentlicher Güter – schafft nicht unerhebliche Anreizprobleme für seine politischen Repräsentanten. »Wer heute glaubt, den Sozialstaat in der jetzigen Form konservieren zu können, der zerstört in Wahrheit die Grundlagen des Sozialstaates«, so Gerhard Schröder im Juni 1999 nach der Vorlage des Londoner Reformpapiers zum Umbau des Sozialstaates mit der vereinfachten Aussage: »Weniger staatliche Fürsorge, mehr Freiheit für die Wirtschaft.«[63] Diese Paradoxien sind in den vergangenen Jahren mit Lösungen der Hombach'schen »Neuen Mitte« und des Giddens'schen »Third Way« hinreichend klar ausgesprochen worden.[64] Sie wurden aufgrund vielfach so kommentierter Inhaltsleere mit geringer Halbwertszeit Anlaß für ironische Witze.[65]

Von dieser Selbstbescheidenheit ist hingegen nur wenig zu erkennen. Insbesondere Deutschland ist mit seiner Staatsquote nach wie vor international führend – sie ist mehr als doppelt so hoch wie in den USA (s. Abb. folgende Seite).

Der Erfolg des Staates – gemessen an seinem nationalen »Marktanteil« der Gesamtwirtschaft – ist nach Ansicht vieler Beobachter Auslöser der Krise, zumal die öffentliche Neuverschuldung von derzeit mehr als 2500 DM pro Sekunde weiter dramatisch zunimmt, auch wenn die UMTS-Lizenzen einige Tropfen auf den heißen Schuldenstein brachten und nur so knapp die EU-Auflage der 60 Prozent-Verschuldung am Bruttoinlandsprodukte erfüllte (s. Abb. folgende Seite).

63 Vgl. das Schröder/Blair-Papier (1998).

64 Vgl. Hombach 1998 und Giddens 1998. Kritisch Priddat 2000a.

65 Vgl. beispielsweise den kritischen Beitrag des »Economist« am 2. Mai 1998, S. 38–43. Der in England wie auch in Deutschland grassierende Ausspruch »Tony Blair und Gerhard Schröder sind die besten Premierminister bzw. Kanzler, den die Tories bzw. die CDU nie gehabt haben« ist ein weiterer Beleg für die paradoxe Ausgangssituation der Politik und ihres Umganges damit.

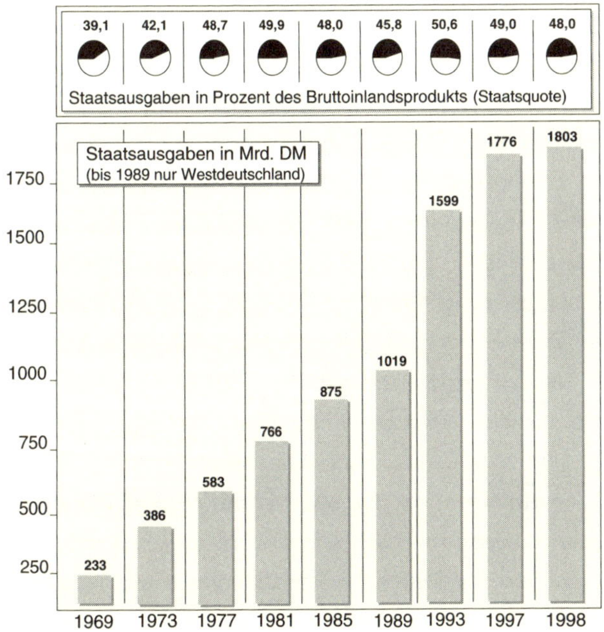

Quelle: Institut für Weltwirtschaft Köln, 1999

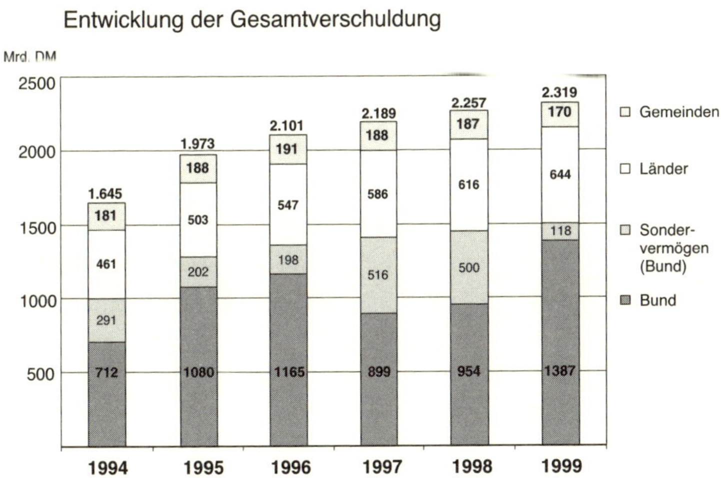

Quelle: Statistisches Bundesamt 2000

Unter dem bekannten Etikett »Staatsversagen« wird vereinfacht das Steuerungsproblem des politischen Systems in einer funktional differenzierten Gesellschaft angesprochen. Interessanterweise wird hier der Staat als Subjekt des Versagens adressiert, wobei nun schon seit längerer Zeit ein Stillstand der sogenannten Staatstheorie zu konstatieren ist – und das bei aller Dynamik der jüngsten Entwicklungen von Wiedervereinigung, europäischer Integration, Liberalisierung und Zusammenbruch des sowjetischen Systems. Die Theorie des politischen Systems hingegen erscheint erfolgreicher und emanzipierter von der Fiktion des demokratischen Staates, die das Volk als »abstrakten Souverän« bestehen läßt.[66]

Die Theorie politischer Systeme operiert mit der Annahme, daß die Gesellschaft ein polyzentrisches Netzwerk von zugleich autonomen und strukturell gekoppelten Sozialsystemen sei, das sich in einem beschleunigten Prozeß der weiteren funktionalen Ausdifferenzierung befinde. Das politische System wird demzufolge als *ein* Funktionssystem neben anderen Funktionssystemen wie Wissenschaft, Wirtschaft, Religion oder Recht verstanden, das durch die spezifische Funktion der »Produktion und Durchsetzung von kollektiv-verbindlichen Entscheidungen«[67] gekennzeichnet ist und somit auch mit der Produktion und Durchsetzung von Kollektivgütern.[68] Die Funktion der Politik ist es, »Kapazität für kollektiv bindendes Entscheiden bereitzuhalten«, mit der »keine einzige Entscheidung inhaltlich festgelegt« ist.[69] Damit ist das politische System in der modernen Gesellschaft mit der paradoxen Situation konfrontiert, als *primus inter pares* die sie selbst bewegende funk-

[66] Vgl. auch Willke 1983.
[67] Vgl. z.B. Luhmann 1999, S. 103
[68] Vgl. zu einer Skizze der soziologischen Theorie der Politik Parsons 1968 und zuletzt ausführlich Luhmann 2000.
[69] Luhmann 2000, S. 86.

tionale Ausdifferenzierung der Gesellschaft zu kontextuieren und, wenn schon nicht teilweise zu korrigieren, so doch zumindest unter einen gesellschaftlichen Vorbehalt zu stellen (dennoch nicht mehr, wie in der alten Tradition der Politik, zu »integrieren«). Dies wiederum erfolgt durch eine eigene, die Existenz absichernde Ausdifferenzierung des politischen Systems selbst.

Niklas Luhmann bringt das Dilemma der fehlenden Repräsentierbarkeit der Gesellschaft durch die Politik auf den Punkt: »In einer funktional differenzierten Gesellschaft gibt es weder eine Spitze noch eine Mitte, die die Gesellschaft in der Gesellschaft repräsentieren und damit ihr ›Wesen‹ zugänglich machen könnte. [...] keines der Funktionssysteme kann die Nachfolge (hier: z.B. des Adels) antreten – auch nicht die Politik. Alle Funktionssysteme realisieren eine dramatische Steigerung ihrer eigenen Bedeutung und ihrer eigenen gesellschaftlichen Wirksamkeit, aber keines von ihnen kann in Anspruch nehmen, die Gesellschaft in der Gesellschaft zu repräsentieren.«[70] Folgt man dieser Position, dann ist die alteuropäische Einheitskonstruktion der Gesellschaft heute nicht mehr haltbar und macht die Steuerungsproblematik anschaulich – auch wenn die Begriffe Gemeinwohl, Gerechtigkeit und Freiheit immer noch als kompakte Beschreibung der Operationsweise und der Funktion der Politik dienen. Sie sind Metaphern für längst anders strukturierte, diversifizierende Koordinations- und Kooperationsverfahren. Die Erosion des politischen Systems wird paradoxerweise durch wachsende selbstauferlegte Aktivität (allen Privatisierungsbemühungen zum Trotz) offenbar. »Selbstüberlastung« – oder wie es in Brüssel heißen muß: excess burden – ist der Terminus, der mittlerweile auch hinter vorgehaltener und erschöpfter Politikerhand zu hören ist.[71]

70 Luhmann 1988, S. 253.

71 Es ist ein Prozeß des »Wachstums der Staatsaufgaben bei gleichzeitig abnehmender Wirkkraft staatlicher Steuerungsinstrumente« zu beob-

Die moderne Gesellschaft produziert zunehmend andere Entscheidungszentren, die insbesondere für die Politik mit erheblichen Konsequenzen hinsichtlich ihrer Arbeitsweise verbunden sind: »Es läßt sich leicht zeigen, daß längst nicht mehr alle gesellschaftlich (oder: kollektiv) wichtigen Fragen nur politisch entschieden werden. Die in politischen Kämpfen durchgesetzten Autonomien der unterschiedlichen Bereiche, von der Autonomie der Religion und der Kunst, der Wissenschaft über die Autonomie der Familie und der Verbände bis hin zur Tarifautonomie, begrenzen den Spielraum politischer Entscheidung. Will die Politik sich hier einmischen, so muß sie bezeichnenderweise den Weg nicht-hierarchischer Abstimmung in Verhandlungssystemen gehen.«[72]

Der Staat und mit ihm die Politik wird zunehmend unter Konkurrenzdruck geraten.[73]

achten. »Auf diese Aufgabenüberlastung reagieren Staat und Verwaltung durch eine zunehmende Binnendifferenzierung in Form von Dezentralisierung und Fragmentierung« (Schuppert 1998, S. 59, in der Interpretation von Kenis/Schneider 1991). Dezentralisierung ist in Anbetracht dieser Umstände nicht lediglich ein neoliberales Staatskonzept, sondern die ›diätische‹ Antwort des Staates auf die Selbstüberlastung. ›Diätisch‹ ist der Staat nicht allein durch Einsparungswilligkeit, sondern daß er darauf achtet, was er ›zu sich nimmt‹ – und was er anderen als Aufgabe läßt.

72 Willke 1996, S. 230.

73 Auch wenn man mit Baecker aus einer gesellschaftstheoretischen Perspektive sagen kann, daß man angesichts der nach wie vor hohen Einflußmöglichkeiten und Interventionschancen aus der Sicht der Politik »Entwarnung geben und feststellen [könnte], daß die Politik dasjenige System der modernen Gesellschaft ist, um das man sich am wenigsten Sorgen zu machen braucht« (Baecker 2000, S. 14). Dennoch ist die Selbstthematisierung des Staates erfreulich existentieller geworden, wenn auch im politischen System sein eigenes Schicksal momentan intensiver diskutiert wird als das derer, auf die es nach wie vor Interventionschancen hat.

Dies läßt sich anhand aller Funktionen des Staates, d.h.

»i) der Schutzfunktion,

ii) der Erzwingungsfunktion und

iii) der Gestaltungs- oder Investitionsfunktion«,

zeigen: »Im Rahmen seiner Schutzfunktion sorgt der Staat für innere und äußere Sicherheit der Bürger einer Gesellschaft. Erzwungen wird durch ihn die Einhaltung der konstitutionellen und postkonstitutionellen (privaten) Verträge zwischen Bürgern einer Gesellschaft und den Bürgern verschiedener Gesellschaften. In seiner investiven Funktion sorgt der Staat für die Bereitstellung kollektiver oder sozialer Güter, wozu auch die Gestaltung allgemeiner Spielregeln zählt. Alle diese Funktionen des Staates sind heute *nicht mehr ohne private Alternativen.*«[74]

Die Politik muß sich für sich und die Gesellschaft daher selbst mystifizieren, »um das eine (die Möglichkeit der Entscheidung [durch die immer noch gegebenen und zugebilligten Interventionschancen]) sichtbar zu halten, das andere (die Unmöglichkeit der Entscheidung [durch die fehlende Wissensbasis, z.B. hinsichtlich für Folgewirkungen bei Interventionsempfängern]) jedoch unsichtbar zu machen.«[75] Diese immer weniger gelingende Mystifizierung hingegen ist nach der Einschätzung von Helmut Willke der Grund für die »Entzauberung« und die »Ironie des Staates« als

[74] Wieland 1999, S. 38f. (eigene Hervorhebung). Der Staat mit seinem bisher selbstverständlichen Angebotsmonopol gerät in Systemwettbewerb: Private Armeen, Wachdienste und Gefängnisse deregulieren die Schutzfunktion des Staates. Internationale und nationale Verhaltensstandards, private Auditorganisationen und andere Reputationsmechanismen treten die Stelle staatlicher Erzwingungsmacht. Insbesondere die *third-party-enforcers*, die Reputationsverluste des Staates erzwingen können (im nationalen wie internationalen Rahmen, z.B. Greenpeace und andere NGOs), nötigen zu neuen Kooperationsformen der Politik (vgl. auch Barzel 1998).

[75] Baecker 2000, S. 20. Eigene Ergänzung.

Reaktionen.[76] Willkes Empfehlungen heißen Therapie und Supervision[77], aber auch »Selbststeuerung im Sinne von reflektierter Regelsetzung«.[78] Der ›Supervisionsstaat‹ betreibt »kontextuelle Intervention, die in Form einer Optionenpolitik die Kontextbedingungen für ein System oder einen Problembereich verändern und andere Optionen ins Spiel bringen.«[79] Ein weiterer politiktheoretischer Beleg für diese Entzauberung mag auch darin zu sehen sein, daß die ursprüngliche Codierung des politischen Systems als Funktionssystem der Gesellschaft von »Machtüberlegenheit/Machtunterlegenheit« aufgrund der offenkundigen Ohnmacht der Politik sowie der Konkurrenz um die Entscheidungszentren auf die Codierung »Regierung/Opposition« umgeschaltet wurde – eine Codierung, die die politische Ohnmacht gegenüber der Gesellschaft für beide Seiten implizit mitmeint.[80]

Aufbauend auf diesem grundlegenden Steuerungsdilemma können *fünf aktuelle Paradoxien* skizziert werden, die das politische Handeln derzeit herausfordern:

---

[76] Vgl. Willke 1983 und 1992.

[77] Vgl. zur Therapie des Staates Willke 1997.

[78] Willke 2000, S. 204. Die spezifische Regelsetzung, die Willke hier anspricht, ist nach March und Olsen zum einen der Politikmodus des ›institutional state‹ (II), zum weiteren aber das Aktionsfeld des aushandelnden ›corporate bargaining state‹ (IV). Er setzt aber Regeln bzw. Verfahren, um mit den Bürgern im Hinblick auf die Politikrealisation genauer zu kommunizieren. Der moderierende Staat setzt Regeln, innerhalb derer er mit den Bürgern um Politikrealisationen verhandelt.

[79] Willke 1992a, S. 78. Gerhard Wegner hat 1996 in Anlehnung und Distanz zu Willke eine substantiell neue Theorie der Wirtschaftspolitik ›zwischen Fremd- und Selbststeuerung‹ vorgelegt (Wegner 1996). In ihr werden die Optionenpotentiale und -risiken genauer untersucht.

[80] Vgl. zu dem Luhmann 2000, Kapitel 3, insbesondere III und VII.

Paradoxie 1:
»New governance«:
Stärkung des Staates durch seine Schwäche

Der Berliner Gipfel im Juni 2000 endete mit der Forderung, ein neues politisches Steuerungsmodell zu entwickeln.[81] Seit Jahrzehnten oszilliert nun die Politik zwischen den widersprüchlichen Forderungen »Primat der Politik« und einem unreflektierten Neo-Liberalismus, der im wesentlichen auf der Annahme der wohlfahrtsteigernden Ersetzung der »*visible hand*« (oder eben: Öffentliche Hand) des Staates durch die nie wirklich funktionierende »*invisible hand*« des Marktes operiert. Vorschläge in den siebziger, achtziger und neunziger Jahren reichten – wie eingangs gezeigt – von korporatistischen Systemen, die die jahrelang verpönte Verbandspolitik wieder hoffähig machte, über konzertierte Aktionen bis hin zu einer Kontextsteuerung und Ermutigung der Selbstbindung der gesellschaftlichen Akteure zur Komplexitätsreduktion. Folgt man der vielfach vertretenen Einschätzung, wonach die Politik an die Grenzen ihrer Aufnahme-, Verarbeitungs- und Interpretationskapazität gekommen ist, dann werden Stichworte wie Regierungsunfähigkeit, konfiskatorischer Staat, Anspruchsinflation und Politikverdrossenheit zu einer Symptombeschreibung des vor allem aufgrund der immanenten Zentralisierung von Entscheidungen vorherrschenden wissensbasierten Steuerungsdefizits.

Eine Paradoxie der Politik zeigt sich darin, daß angesichts dieser Steuerungsproblematik die Schwächung des Staates eine Stärkung bewirkt. Ein »schwacher Staat« signalisiert gleichzeitig Sensibilität für die erhöhte Komplexität politischer Steuerung, widerlegt also die allgegenwärtige Hybrisvermutung und reagiert auf die zunehmenden Konsensbedürfnisse einer modernen differenzierten

---

81 Berlin Communiqué 2000. Vgl. aber bereits das ›Schröder/Blair-Papier‹ (1998), das – damals geschmäht – alle Elemente der ›progressive governance‹ bereits enthält.

Gesellschaft.[82] Der Primat der Politik wird bei einem »schwachen Staat«, der seine wissensbasierte Schlechterstellung bei politischen Interventionen offenbart, ungleich wirksamer. Ein ›schwacher‹ Staat demokratisiert seinen Politikprozeß durch Verhandlungsangebote in Hinblick auf Konsenslösungen.[83] Der derzeit als aussichtsreich eingestufte Weg wird in der Selbstbescheidung der politischen Aktivität auf kontextuelle Interventionen durch wissensbasierte Infrastrukturen gesehen, was auf der Annahme der Instrumentalisierbarkeit des Wissens von den Interventionsempfängern beruht. So können z. B. – wie etwa in der Umweltpolitik – bei Standardsetzungen in einem prä-politischen Entscheidungsraum kompetitive Innovationsspiele ausgelöst werden, die für den Fall unbefriedigender Lösungsvorschläge seitens der Interventionsempfänger und ihrer Stakeholder wieder mit dem Primat der Politik beendet und entsprechend selbst entschieden werden.[84] Angesichts der Wissensasymmetrien zu Lasten des politischen Systems entsteht eine glaubhafte Bedrohung durch signalisierte und beobachtbare Inkompetenz, – eine postmoderne Steuerungsidee, die auf der intelligenten Koketterie von Nichtsteuerbarkeit beruht. Das politische System hat demnach Gewaltmonopol als Notstrom-Aggregat, auf das es gerade bei Steuerungshilflosigkeit schnell zurückgreift, anstatt zu delegieren und zu beaufsichtigen. Diese Gefahr wird in der Gesellschaft beobachtet.

Auch hier wird es eine Entwicklung der Virtualisierung des Gewaltmonopols geben: Gewalt und Macht nicht einsetzen, sondern den ausdifferenzierten Politikprozeßarenen anzeigen, daß man sie gegebenenfalls einsetzen wird. Der Staat eröffnet seinen Bürgern Koordinations- und Kooperationsarenen, in denen sie selbständig Regelungen ihrer Politikbedarfe finden mögen, unter

82 Vgl. Mayntz 1992, S. 21.
83 Vgl. Wieland 1996, S. 58.
84 Vgl. hierzu auch die Ausführungen in Wegner 1997.

der Drohung, sonst ›klassisch‹ zu intervenieren. Der reflektiert aktivierende Staat hat längst die Kritik akzeptiert, daß seine Intervention eher schale als optimale Ergebnisse produziere. Also gibt er, konsequent unter dem Eindruck dieser Kritik – in diesem Sinne ganz ›aufgeklärter‹ Staat – die Regulierung wirtschaftlicher und gesellschaftlicher Prozesse an die Bürger, die seine Intervention imkompetent finden, zurück. Und er beginnt, diesen Prozeß der Lösungsdelegation durch die Drohung, wieder in seine kritisierte klassische Rolle zurückzufallen, indirekt zu steuern. Intervention ist für diesen Staat nicht mehr Normalfall, sondern die Ausnahme, die subsidiär dann eingesetzt wird, wenn die Selbstorganisation der Wirtschaftsgesellschaft scheitert. Dann ist seine Intervention legitimiert, und zwar nicht wegen Marktversagen oder ähnlicher Konstrukte, sondern wegen Selbstorganisationsversagens der Gesellschaft, die ja den Staat als ineffizient zurückzuweisen angetreten war. Die neue Methode der Politik besteht darin, mit dem Einsatz seiner alten Methoden zu drohen, wenn die Bürger sich selbst nicht einigen können. Politik wird zur Hüterin von Selbststeuerungsarenen, auch zur Initiatorin dieser Arenen. eDemocracy ist die Netzwerkform dieser Arenen.

Politik oszilliert sozusagen zwischen den beiden Legitimationsressourcen »Staat« als top-down prädispositive Gewalt einerseits und »Bürgermeinung« als bottom-up-entwickelte Gewalt andererseits. Entscheidungen wie die Währungsunion oder die Rechtschreibreform machen diese Pendelbewegungen sichtbar. Die Politik steuert nicht, sondern fördert Selbststeuerungsarenen, indem sie mit dem Einsatz ihrer direkten Steuerungsinkompetenz droht, d. h. in der Asymmetrie von externem Eingriff und interner Dynamik einseitig wird.[85]

[85] Zur neueren Debatte ›Politik als gesellschaftliche Selbst- und Fremdsteuerung‹ vgl. Weiß 2000, Kap. 4, aber auch bereits Wegner 1996.

Wir werden auf diesen Aspekt dieser neuen Steuerungsformen (sogenannte »politische eGovernance«) und ihre Bedürfnisse an die entsprechenden Anreizstrukturen im weiteren Verlauf zurückkommen.

Paradoxie 2: Public Private Partnerproducts: Öffentliche Güter durch Private

»Der Staat kauft nur noch die Dienstleistung ›geklärtes Wasser‹ oder ›beleuchtete Straßen‹ ein. Wozu braucht eine Kommune auch ein eigenes Klärwerk – oder gar eine Abteilung, die Glühbirnen in die Straßenlaternen dreht? Diese Dinge müssen nur funktionieren«, so der Europachef für »Private Finanzierungsinstrumente« bei der Unternehmensberatung PriceWaterhouseCoopers in Edinburgh. Seit Blairs Amtsantritt wurden allein in England mehrere hundert Projekte mit privater Finanzierung von öffentlichen Gütern abgetrennt: von Brücken und Straßen über kommunale Bauten und Krankenhäuser bis hin zur Feuerwehr von Manchester und zur britischen Botschaft in Berlin werden bald 20 Prozent des bisher öffentlichen Gesamtinvestitionsetats in eine privatfinanzierte Projektierung übergehen. Die durchaus kritisch diskutierten Privatisierungen von öffentlichen Gütern stehen in Deutschland noch in den Anfängen, kein Wunder bei einem Gesetz, das schon in der Abkürzung zu lang ist: FStrPrivFinG (Fernstraßenbauprivatfinanzierungsgesetz). Um so kürzer sind dagegen die Strecken, die damit privat finanziert werden dürfen: Brücken und Tunnel. Der Warnow-Tunnel in Rostock sowie der neu entstehende Lübecker Herrentunnel sind erste Beispiele, die auf Müllabfuhr, Kläranlagen, Wasserversorgung etc. ausgeweitet werden könnten.[86]

[86] Erste Ansätze sind bei privaten Schulen wie Universitäten (Witten/Herdecke oder auch einige andere gerade entstehende private Universitätsformate), aber auch bei Ko-Finanzierungen von Teilen der staat-

Die Legitimation der politischen Aktivität leitet sich strenggenommen nur von der Herstellung und Sicherung öffentlicher Güter und der Monopolisierung der Ausübung und der Kontrolle von Gewalt her.[87] Innere und äußere Sicherheit, Rechtssicherheit und Vertragsfreiheit sind vor dem Hintergrund des kollektiven Schutzes von Leib, Leben und Eigentum der Bürger die zentralen Schutzaufgaben des Staates. Mit der Entwicklung des Sozial- und Wohlfahrtsstaates ergaben sich weitreichende geldbasierte Staatsaufgaben durch hauptsächlich finanziell kompensierende Absicherung der personellen Integrität in wirtschaftlichen und sozialen Notsituationen. So können solche politischen Interventionen als illegitim gelten, die an die Stelle von individueller Aufgabenerfüllung und Daseinsvorsorge treten. Spätestens hier wird deutlich, daß die Unterscheidung zwischen öffentlichen und privaten Gütern und die daraus abgeleitete Aufgabenverteilung zwischen Politik und Wirtschaft[88] überdenkenswert ist. So haben Jesse Malkin und Aaron Wildavsky in einer präzisen Analyse herausgearbeitet, daß es keine inhärenten Eigenschaften eines Gutes sind, sondern eben

lichen Hochschulen (z. B. TU München) oder der Teilausgliederung (derzeit in Berlin erörtert) zu erkennen. In dem Maße, wie die Budgets für die staatlichen Hochschulen nicht mehr erhöht werden, parallel zur relativen Budgetautonomie, werden sich staatliche Universitäten Stifter und Sponsoren suchen, um ihrem öffentlichen Bildungsauftrag gerecht zu werden. Die aufkommende Diskussion um eine *corporate citizenship* wird hier förderlich wirken.

[87] Vgl. Luhmanns Definition des Staates als einen »Garanten eigenproduzierter kollektiver Verbindlichkeit für Zwecke der Vertragsbindung und zuweilen auch für Zwecke der Konfliktmoderation« (in: Baecker 2000b, S. 211). Siehe hier noch einmal die im Anschluß an Buchanan vorgenommene funktionale Unterscheidung Wielands von 1. der Schutzfunktion, 2. der Erzwingungsfunktion und 3. der Gestaltungs- und Investitionsfunktion des Staates (Wieland 1999, S. 38).

[88] Vgl. zu der klassischen Unterscheidung zwischen kompetitivem Konsum einerseits und Exklusionsmöglichkeit andererseits Musgrave et al. 1978, S. 57ff.

politische Entscheidungen, die sie zu einem privaten bzw. öffentlichen Gut machen.[89]

Damit ist das politische System in der durchaus delikaten Verantwortung, sich selbst die eigene Staatslegitimation zur verschaffen. Diese Delikatesse wird vor allem bei einer Tendenz zur *Meritorisierung* von Gütern schwere Kost: Meritorische Güter zeichnen sich gegenüber den öffentlichen Gütern dadurch aus, daß der Legitimationszusammenhang nur noch im Staat selbst liegt. Sie existieren zwar im vom Staat angenommenen Sinne der Gesellschaft, werden aber aufgrund fehlender Anreize zum einen nicht selbst produziert (Kriterium des öffentlichen Gutes), zum anderen aber auch nicht konsumiert, obwohl es (moralisch und historisch) wünschenswert ist (Kriterium des meritorischen Gutes). Sozialversicherungen oder auch die Schulpflicht sind hierfür klassische, Pflegeversicherung und Ökosteuern aktuelle Beispiele.

Während öffentliche Güter kollektive Konsumofferten des Staates darstellen, für deren Angebot der Markt versagt, sind meritorisch-öffentliche Güter dagegen Steuerungsversuche aufgrund seiner Machthoheit an Konventionen orientiert. Hier arbeitet die Politik noch paternalistisch-vormundschaftlich, indem sie das Gewaltmonopol des Staates für ihre Zwecke aktiviert. Ihre Legitimation imaginiert sie sich durch stillschweigende Zustimmung, indem sie meint, Normen und Sitten gegenüber denen durchsetzen zu müssen, die sich nicht daran halten.[90] In einer Gesellschaft, die durch das Rawlssche »Faktum der Pluralität« gekennzeichnet ist, bleibt dieser stille Konsens eine Fiktion, der keine Legitimation mehr erzeugt. Der ordnungspolitische Konsens erodiert, so daß die Bürger nach dem Tabu Legitimation der Politik fragen, meritori-

[89] Malkin / Wildavsky 1991. Vgl. auch Lal 1997, der an der Standardtheorie der öffentlichen Güter herausarbeitet, daß sie ebenso öffentlich wie privat erstellt werden können.

[90] Priddat 1992.

sche Güter produzieren zu dürfen. Hier geriert sich die Politik als Staat, während die Bürger nur die Politik realisiert sehen wollen, die sie ›beauftragen‹.

Die Unterscheidung zwischen Staat und Politik wird immer bedeutsamer, wenn das Vertrauen der Bürger in die Prärogativkompetenz der Politik sinkt (d.h. in die Kompetenz, ohne Wahllegitimation Entscheidungen in Antizipation einer möglichen Zustimmung zu treffen[91]). Jenseits neoliberaler Illusionen beginnt man zu entdecken, daß die hochvirulente Verachtung der Politik von der Achtung vor dem Staat verdeckt war. Indem man zudem entdeckt, daß ›die Politik‹ immer dann, wenn sie versagte, mit dem Staatsjoker einen Mindestabstand wieder erzeugen konnte, der die Verachtung, wenn nicht in Achtung, so doch in Vorsicht umwandeln konnte, beginnt man zu fragen, inwieweit ›die Politik‹ legitimiert ist, ›den Staat‹ qua Gewaltmonopol zu verfügen.

Die Bürger, denen beigebracht wurde, sie würden durch Wahlen die Politik mit einem ›Wählerauftrag‹ versehen, beginnen ›die Politik‹ vom Ende – also von der Erfüllung des Auftrages – her zu betrachten. Nur oberflächlich besehen nehmen sie damit eine ›Konsumentenhaltung‹ ein, sind sie doch hybride Figuren: als Wähler ›Produzent‹ der Politik und als Bürger zugleich Konsument. Von der – meist unerfreulichen, weil unvollständigen oder unterlassenen – Erfüllung her betrachtet wollen sie die Aufträge ändern, und nicht nur alle vier bis fünf Jahre. Deshalb wird es entgegen den älteren staatswirtschaftlichen Modellen der Politik legitim, sich neue Konstellationen der Kooperation von Politik, Bürgern und Wirtschaft vorzustellen.[92]

Für den Fall der Beschreibung eines Gutes als ein öffentliches Gut ist damit die Konfiguration der dahinterliegenden Wertschöp-

---

91 Zur Kontigenz des Vertrauens in der Politik vgl. Levy 1998.

92 Vgl. hierzu die ausführliche Darstellung des »prosumerism« im Abschnitt der vier P-Trends (vgl. S. 94 ff.).

fungskette zu diskutieren. Auch die Produktion von öffentlichen Gütern kann auf privatwirtschaftlicher Vorproduktion beruhen oder gar privat finanziert werden[93], so daß sich also in Zukunft noch mehr als bisher die Frage nach der Optimierung der staatlichen Wertschöpfungskette eines öffentlichen oder eines hybriden Gutes stellt (besonders dann, wenn man bedenkt, daß die Einbeziehung – positiver oder negativer – Externalitäten öffentlicher Güter zusätzlich einer politischen Festlegung bedarf).

Öffentliche bzw. private Güter sind nur die Endungen eines Spektrums von Hybriden, das diverse Formen von *public private co-products* herstellen läßt.[94] Jede Hybridform ist möglich; »bezüglich jedes öffentlichen Gutes kann sich so eine Güter- bzw. Dienstleistungsindustrie für öffentliche Güter bilden, die aus vielen Einheiten privater und öffentlicher Art, aus Konsum- und Produktions-Einheiten besteht. So entsteht ein polyzentrisches System öffentlicher Güter- und Dienstleistungsindustrien«.[95] »Durch Wettbewerb, Quasi-Wettbewerb, kleine Jurisdiktionen als Konsum-Einheiten mit direkter Abstimmung über Service- und Steuer-Niveau und andere Mechanismen zur Offenlegung von Präferenzen, Verhandlungen und wechselseitiger Abstimmung auf formellem oder informellem Wege kommt es zu selbstregulierenden Tendenzen im polyzentrischen System. Es werden stärkere ökonomische Anreize zur Gewinnung eines höheren Informationsniveaus, zu mehr Effizienz-Orientierung und zur Fehlerkorrektur als in einem monopolistischen Einheitssystem geschaffen. Es ist damit zu rechnen, daß eine gemischtwirtschaftliche, polyzentrische öffentliche Güter- und Dienstleistungsindustrie dynamischer, inno-

93 Vgl. hierzu Hallgren/McAdams 1995.

94 Vgl. Lal 1997. Budäus 1998a. Ostrom/Bisk 1977, S. 26f. Vincent Ostrom hat bereits Ende der siebziger Jahre dafür die grundsätzlichen Optionen entworfen: ebd., S. 36.

95 Budäus 1998a, S. 114.

vativer und leistungsfähiger ist als ein traditionelles System.«[96] Die traditionell dem Staat übereignete Produktion öffentlicher Güter durch die Privatwirtschaft hat längst begonnen.

Der moderne Name »public private partnership« hat die Qualität von altem Wein in neuen Schläuchen. Die hier dargelegte Kooperation von öffentlichen und privaten Bereichen zur Erstellung öffentlicher Güter ist nicht neu und wird in der staatswirtschaftlichen Tradition seit langem diskutiert: als *Parafiskus*.[97] Es geht um staatliche (Teil-)Finanzierungen von Kollektiven diverser Art (von den Handelskammern bis zu den Sozialversicherungen, die ja keine Staatsorgane sind, sondern selbstverwaltet), die Staatsaufgaben übernehmen, also den Staat durch bürgerschaftliche Selbstorganisation entlasten, und das unter Staatsaufsicht. Es sind frühe, bis heute geltende Formen der *public private partnerships*, die diverse öffentliche Güter zur Verfügung stellen wie beispielsweise der ADAC[98], meist aber Kollektivgüter für spezifische Nutzerkreise erstellen (gleichsam Clubgüter, die andere ausschließen).[99] Der Öffentlichkeitsgrad dieser Güter wird über die Dimension positiver Externalitäten definiert (d.h. welchen Nutzen sie anderen stiften, die nicht Mitglied sind). Dies ist ein hochkonkurrentes Feld, weil es um die Verteilung von Ansprüchen auf Staatszuschüsse geht.[100] Parafiski sind auch wieder nur eine Endung in einem weiten Spektrum »hybrider Versorgungsarrangements«[101], an deren anderem Ende die ›*Nonfiski*‹ (Eigenbetriebe) stehen, also »eigenständige, ausgelagerte Produzenten öffentlicher

[96] Budäus 1998a, S. 117; Ostrom/Bisk 1977, S. 37ff.

[97] Vgl. grundlegend Tiepelmann/Beek 1992.

[98] Vgl. die Listen bei Tiepelmann/Beek 1992b.

[99] Vgl. Priddat 1992b.

[100] Priddat 1992a, S. 174ff.

[101] Engelhardt 1990, S. 44. Später als ›symbiotische Arrangements‹ diskutiert (Engelhardt 1995).

Güter«, die aber auf staatliche Aufträge angewiesen bleiben.[102] Der Unterschied zur modernen Gesellschaft unserer Tage liegt darin, daß ›para-‹ bzw. genauer: ›nonfiskalische‹ Organisationen heute nicht mehr auf definierte Organisationen und Institutionen festgelegt sind, sondern in den Netzwerkstrukturen der politischen Gesellschaft entwickeln sich virtuelle Organisationen mit ephemeren und instabilen Strukturen, die nicht mehr als dauerhafte Institutionen auftreten.[103] Die korporatistische Verfaßtheit der Parafiski alten Typs verschwindet allmählich, aber unverkennbar deutlich. Es gibt keine eindeutig verantwortlichen institutionellen Repräsentanten mehr, nur vorübergehende Protagonisten. Temporäre Unternehmensallianzen, Bürgerbewegungen und NGOs übernehmen die funktionale Rolle der tradierten korporatistischen Vereine, Kammern, Verbände oder der dafür eingerichteten sozialen Institutionen.

Netzwerke werden durch das Internet nur einseitig beschrieben. Es handelt sich um eine informationstechnische Basisstruktur für die Entfaltung (und Wieder-Einfaltung) von sozialen und politischen Netzwerken. Netzwerke sind die fluide Form der Kooperation, die für die Teilnehmer ihren Wunsch, ihre Interessen zu vertreten, nicht gleich an eine Mitgliedschaft in ideologischen Kollektiven bzw. bürokratischen Repräsentationsmaschinen koppeln muß. Netzwerke sind das moderne Organisationsmedium für die Artikulation von politischen und öffentlichen Präferenzen, die kein vollständiges Engagement des Teilnehmers fordern. Partielle und temporäre Mitgliedschaft genügt.

Die alten Parafiski tauchen heute als Selbstorganisationen der Bürger bzw. als Selbststeuerung der Gesellschaft und ihrer Wirtschaft wieder auf. Formal übernehmen sie öffentliche Aufgaben,

---

102 Priddat 1992, S. 186.

103 Vgl. zu Netzwerken und flüchtigen Organisationsformen grundlegend Littmann/Jansen 2000.

die vordem der Staat verwaltete. Trotzdem sind sie keine ›Nebenhaushalte‹ des Staates (auch wenn sich viele Initiativen erst einmal aus alter Gewohnheit an den Staat wenden). Aber sie sind bei genauerer Betrachtung andere Instanzen: Es geht nicht mehr um staatlich gewährte Auslagerung von öffentlichen Aufgaben, sondern um neue Konstellationen und virtuelle Konfigurationen von Verhandlungsarrangements, die als *policy-networks* entstehen (und wieder vergehen). Sie sind keine fiskalischen Nebenorganisationen, sondern Initiativen, die die Politik regulieren wollen. Notfalls finanzieren sie ein öffentliches Gut selbst.

Jedes öffentliche Gut, das nicht als rein öffentliches Gut, d.h. nicht für alle Bürger gilt, ist ein Umverteilungsagens; sein Öffentlichkeitsgrad ist *politisch* etabliert. Während die Straßennutzung in Deutschland kostenlos ist, müssen Bahnfahrten, auch als die Bahn noch öffentlich war, bezahlt werden. Die ›Gebühren‹ öffnen und schließen Zugänge zu öffentlichen Gütern. Das gilt für Opernhäuser wie für Gesundheitseinrichtungen und Hochschulen.

Das Nutzerkollektiv ist kleiner als das Kostenkollektiv: Die Eltern, deren Kinder keine Universität besuchen, zahlen durch ihre Steuern das öffentliche Gut *Universität* mit. Diese Umverteilung von unten nach oben ist typisch für viele öffentliche Güter: pro forma allen zugänglich, de facto aber nicht von allen genutzt, werden sie zu Umverteilungsdispositiven, die politisch geändert oder neu definiert werden können.

So ist das Internet de jure ein öffentliches Gut; jeder kann es nutzen; wer sich aber den Zugang nicht leisten kann, weil ihm das Geld für Computer und Nutzungsgebühren fehlt, ist vom öffentlichen Gut ausgeschlossen.[104] Um das Internet als reines öffentliches Gut zu etablieren, müßte der Staat freien Zugang für jeden gewähr-

[104] Vgl. zum Phänomen des sogenannten *digital divide* ausführlich Norris 2000 (vgl. auch S. 154ff.).

leisten. Die wohlfahrtsstaatliche Option der nicht-rivalisierenden Nutzung reicht nicht aus, um öffentliche Güter zu charakterisieren; der effektive Zugang muß definiert sein. Um die ›Exklusionsmöglichkeit‹ auszuschließen, müssen etliche Bürger zusätzlich subventioniert werden, damit das Kriterium eines reinen öffentlichen Gutes erfüllt ist.

Die bei reinen öffentlichen Gütern vorausgesetzte *Gemein*wohllegitimation schlägt in vielen Fällen in eine *Partial*wohldezision um, die nicht mehr aus dem generellen Wählervotum zu begründen ist. Die öffentlichen Güter sind, rhetorisch hoch legitimiert, faktisch zu einem *undurchsichtigen System von Clubgütern beschränkten Zutritts* verkommen, für die es nur unübersichtliche, zum Teil überhaupt keine Eintrittspreistafeln gibt. Sie sind zu einem Medium der Klientelbedienung geworden, derzeit noch ohne jegliche Chance auf ein politisches Controlling.

Es wäre naiv, diese Prozesse wieder an allgemeine Wahlverfahren zurückzubinden; umgekehrt müssen nur die Netzwerke dieser *Clubgüterproduzenten und -nutzer* offengelegt und in Verhandlungssysteme eingeführt werden, die als öffentliche Arenen beobachtbar sind.[105] Es geht nicht darum, den Öffentlichkeitsgrad dieser Güter zu maximieren, sondern über die Geltung diverser Öffentlichkeitsgrade Einsicht und Mitentscheidung zu bekommen, und zwar in Erwägung von Alternativen in einem Prozeß politischen Wettbewerbs.[106]

Unter dem Vorwand der Gemeinwohllegitimation bleiben die Kosten der Herstellung unkontrolliert und ohne jeglichen Wettbewerbseinfluß. Die Grenze zur Korruption wird dabei gewollt oder ungewollt unscharf.

Doch auch unabhängig von diesen Grauzonen sind die Aus-

[105] Michael Schudson hält das *monitoring* für die wesentliche Aufgabe einer modernen Demokratie (Schudson 1998, S. 9ff.).

[106] North spricht deshalb von einem ›political market‹ (North 1990).

schreibungen und die Einhaltung der Kosten unkontrolliert. Nicht der *›schlanke Staat‹*, der sein Personal und damit seine Service-Qualität reduziert, sondern der *›professionelle Staat‹*[107], der ein effektives Kostenmanagement im Hinblick auf eine verläßliche und hohe Dienstleistungsqualität durchführt und sich bei der Erstellung beobachten läßt, wirkt vertrauensbildend.[108]

Paradoxie 3:
Glokalization der Politik: Lokalisierung wegen Globalisierung

Eine weitere Paradoxie einer modernen Gesellschaft ist die durch die Globalisierung innerhalb von nur wenigen Jahren unter Druck geratene nationalstaatliche Politik und die gleichzeitig steigenden lokalen Anforderungen.[109] Die emotional geführten Außenhandelsdiskussionen haben sich nun im Zeitalter der Globalisierung und auch im Rahmen von politischen und währungsspezifischen Unionen von ganzen Wirtschaftsräumen erweitert. Rufe nach globalen Administrationen werden nicht nur bei der naheliegenden »Globalen Kartellbehörde« offenkundig.[110] Die Selbstthematisierung der Politik ist eine ineffiziente »optische Verkürzung der Politik auf die Nationalpolitik«[111], die den Einfluß ihrer eigenen Interventionsmöglichkeiten unterschätzt, die gerade dort liegen, wo man die Auflösung vermutet: in der Nation. Gerade im »globalen Wettbewerb der Systeme« muß man auf die eigenen, lokal eingebetteten Wettbewerbsfaktoren schauen.

Der in der Betriebswirtschaftslehre jahrelang unangefochten gebliebene Stratege Michael E. Porter hat zu Beginn der neunziger Jahre seine Analyse über Wettbewerbsvorteile von Nationen vor-

---

[107] Vgl. Priddat 2000d.
[108] Vgl. dazu Levy 1998.
[109] Vgl. Priddat 2000e.
[110] Vgl. Jansen 2000b, S. 57ff.
[111] Baecker 2000, S. 3.

gelegt.[112] In seinen Ausführungen wies er auf strukturell, systemisch bedingte Wettbewerbsvorteile *(specialized factors)* hin, die nicht auf Märkten zu gewinnen sind. Sie sind für die Konkurrenz nur schwer zu kopieren, an Personen gebunden und in enge institutionelle und zwischenbetriebliche Kooperations- und Kommunikationsbeziehungen inkorporiert. Es gibt also spezifische, territorial gebundene und immobile Standortfaktoren und damit mögliche Wettbewerbsvorteile, die die Mobilität aufgrund einer höheren systembedingten Standortbindung einschränken. Solche *Cluster* aus zwischenbetrieblichen Formen der Arbeitsteilung und Umfeldinstitutionen unterstützen demzufolge die Anpassungsleistungen auf der Unternehmensebene.[113] Porters empirische Analyse zeigt, daß der Prozeß des *Clustering* in regional begrenzten Räumen am dynamischsten verläuft.[114] Die nationalen politischen Systeme haben nun, statt sich nach internationalen Behörden zu sehnen – im Sinne der Produktion eines neuen als öffentlich betrachteten Gutes –, die Aufgabe, dieses *Clustering* zu unterstützen, d. h. nach der konkreten Empfehlung der OECD lokal am Aufbau von Innovationsnetzwerken und an zwischenbetrieblicher Kooperation zu arbeiten sowie die Bildungseinrichtungen zu unterstützen. Allerdings ist bei einer Internationalisierung der Interventionsempfänger eine zwischenstaatliche Kooperation im Rahmen von zeitlich begrenzten *task forces* unabdingbar. Dies muß man durch entsprechende Informations- und Kommunikationstechnologien unterstützen. Im Rahmen der kommunalen Wirtschaftsförderung wird bereits an zielgerichteten Stadtmarketingkonzepten gearbeitet, die ganze Städte als bekannte Marken aufbauen und deren spezifische Kompetenzen zur kommunalen Wettbewerbsfähigkeit auch im internationalen Fokus weiterentwickeln. Die

---

112 Porter 1990, 1991.
113 Porter 1991, S. 111.
114 Porter 1990, S. 157.

Beispiele München, Köln, Hamburg, Karlsruhe oder Frankfurt kündigen diese Entwicklung an.

Paradoxie 4: Ent-waltung der Verwaltung durch verläßliche Flexibilisierung

Der Staat bezieht die Attribution seiner Vaterrolle vor allem daraus, daß man sich auf ihn verlassen soll und im Familienzusammenhang kein Mitgliedsausschluß möglich ist. Allerdings ist die Verläßlichkeit in den Bereichen der klassischen Staatsaufgaben mit dem Opfer der Bürokratisierung verbunden, die seit jeher mehr zum Schmunzeln oder Ärgern anregt als kindliche Ehrfurcht einjagt. Dies ist so lange kein Problem für das politische System, wie die Lieferzeiten von der Politik bestimmt werden. In einer Wettbewerbssituation, in der Unternehmen sich mehr um *economies of speed* und um spontane Standortverschiebungen kümmern als um Bürokratien und nationale Sentimentalitäten, wird die Beschleunigungsfähigkeit der Verwaltung essentiell.[115] Eine pessimistische Ahnung trägt Hartmut Rosa vor, »daß Demokratien (...) per se zu langsam sind für eine sich beschleunigt verändernde Welt«.[116] Unternehmenskooperationen mit geringem Institutionalisierungsgrad wie Strategische Allianzen und Virtuelle Unternehmen eröffnen flüchtige Märkte und sind Vagabunden der Wertschöpfungsoptimierung.[117] Wir erleben somit eine Temporalisierung von Organisationsformen im Sinne von Interventionsempfängern, die das Spiel der Politik vom gewohnten Beamtenmikado (»wer sich zuerst bewegt, hat verloren«) in ein Hase-Igel-Spiel (»ich bin schon da«) verwandeln. Auch der Staat muß zwischen der Verläßlichkeit der Erledigung seiner Aufgaben und der Flexibilität seiner Organisa-

---

115 Vgl. auch Barber 1998, S. 7ff.
116 Rosa 1999, S. 409.
117 Littmann/Jansen 2000.

tion oszillieren. Die Form der Organisation wird selbst zum Politikum.[118]

Denn unabhängig davon, welche Steuerungs- und Interventionschancen die Politik hat, ist eine inflexible und langsame Verwaltung selbst bereits eine (negative) Intervention. Schlechte Politikumsetzung ist nicht mehr nur, wie bisher schon, ›bürgerunfreundlich‹, sondern sie erhöht die Transaktionskosten der Intervention bis an die Grenze der Politikverhinderung. Die unangepaßte, inflexible Form der Organisation der Bürokratie wird zur kontrapolitischen Struktur, wenn das politische System schnell Entscheidungen umsetzen will (immer vorausgesetzt, die Form der Politikentscheidung läßt diese Geschwindigkeit zu, d.h. die Politik ist selbst transaktionskostenminimierend ausgelegt[119]), aber noch immer auf seine nichtadaptierbare Verwaltung zurückgreifen muß, anstatt gleich mit den Marktorganisationen zusammenzuarbeiten, die Umsetzungsgarantien, auch im Hinblick auf die Termine, bieten können.[120]

---

[118] Der Verwaltungsjurist Schuppert schlägt deshalb vor: »Zurverfügungstellen kooperativer Organisations- und Verfahrenstypen«, »Entwicklung eines Verwaltungskooperationsrechts«, »Entwicklung eines Privatisierungsfolgenrechts«, »Neubestimmung der Staatsaufsicht im Sinne einer Fortentwicklung von einer repressiven Eingriffsaufsicht zu einer Gemeinwohlbeiträge Privater begleitenden Gewährleistungs- und Steuerungsaufsicht« (Schuppert 2000, S. 3 f.).

[119] North 1990. Vgl. die Einwände Barber 1998.

[120] Vgl. die jüngsten Veröffentlichungen von Qualitätsstandards öffentlicher Verwaltungen: maximale Wartezeit am Schalter höchstens 15 Minuten oder Abschluß einer spezifischen Auftragserledigung innerhalb von zwei Wochen. Eine Umfrage von PriceWaterhouseCoopers und dem Deutschen Städte- und Gemeindebund im Jahr 2000 ergab, daß die meisten deutschen Städte noch davor zurückschrecken, mit privaten Investoren zu kooperieren (PwC 2000). »Traditionell wird die [...] Überlegenheit der ›Eigenerstellung‹ unterstellt. Dieser tradierten Annahme gegenüber sind jedoch Zweifel anzumelden. Vielmehr ist diejenige Steuerungsform zu wählen, die im Einzelfall geeignet er-

Die nichtadaptive Form der Verwaltung entwertet sich funktional selbst, wenn es für die Politik riskant wird, ihr die Politikumsetzung zu überlassen. Hier entstehen rationale Gründe für neue Formen der *public private partnerships*: Die Politik wird vermehrt mit privaten Organisationen und Unternehmen kooperieren, weil ihre eigene Verwaltung einzusetzen zu riskant ist: Die möglichen Politikerfolge werden gefährdet, weil die Verwaltung zu langsam arbeitet und damit Politik ›verschleppt‹.

Im Rahmen der Verwaltungsmodernisierung wird immer wieder konstatiert, daß die Verwaltungen selbst das Hemmnis sind, wenn sie ihre Modernisierung verwalten.[121] Folglich wird sich ›die Politik‹ nach anderen operativen Partnern umsehen. Es ist nicht nur, wie oben erörtert, aus Gründen der Leistungserstellungseffizienz bei öffentlichen Gütern sinnvoll, ›hybride Versorgungsarrangements‹ einzugehen, sondern zusätzlich auch aus Gründen der politischen Effektivität.

Es ist für Politiker vernünftig, mit denen zu kooperieren, die ihre Politik umsetzen müssen, wenn sie Umsetzungserfolg versprechen, d.h. eine Zurechenbarkeit der Politik auf ihre Wiederwahl. Wenn die Verwaltung, der ›natürliche‹ Umsetzungspartner, zum Risiko wird, ist es vernünftig, mit anderen Akteuren die politischen Leistungen (auch die öffentlichen Güter) zu erstellen. Die Blockierungen, die Verwaltungen gegen eine Reorganisation und Leistungsflexibilisierung entwickeln, macht es für Politiker riskanter, weiterhin mit ihnen zusammenzuarbeiten, und deshalb werden sich ihre Befürchtungen eher bewahrheiten.

Die Verwaltung bleibt nicht mehr ausschließlich der natürliche

---

scheint, die Steuerbarkeit des Zielerreichungsprozesses sicherzustellen« (Reichhard 1998, S. 144).

121 Vgl. dazu nahezu alle in 2000 erhobenen Studien, wie die der KPMG 2000, der Bertelsmann Stiftung 2000 sowie der von PriceWaterhouseCoopers 2000.

operative Partner der Politik. Die Grenze ist die Gefährdung von Politikerfolg durch Verwaltungsnormalität. Es besteht ein starkes Interesse an Verwaltungsreform in der Politik in den dynamisierten Handlungswelten, das die gewohnten Interessenkongruenzen aufbrechen wird.

So kommt ein kompetitives Moment herein. Die Politik muß sich in immer mehr Situationen entscheiden, wie sie die Umsetzung ihrer Entscheidungen gestaltet: durch ihre eigene Verwaltung oder durch agilere Partner. Sie beginnt, die Kooperationsmodalitäten danach zu bewerten, welche Ausführungen politisch riskant bzw. politisch vorteilhaft werden. Die Zeiten der Alternativlosigkeit bzw. Ausschließlichkeit der Verwaltung gehen zu Ende. Die Exklusivität der Verwaltung als einzige Exekutive der Politik entfällt. Sie muß beweisen, daß sie das bessere Ausführungsorgan darstellt. Sie bekommt unabhängig von ihrem Selbstbild ein Interesse, sich selbst zu flexibilisieren. Der bürokratische *non-market* gerät in eine Zone des Wettbewerbs mit den Märkten.[122] Dieser Wettbewerb ist insofern komplexer, als die beim Wettbewerbsparadigma mitgedachte ›schöpferische Zerstörung‹ nach Schumpeter im öffentlichen Sektor nur bedingt Anwendung finden darf. Die schöpferische Zerstörung von Organisationsstrukturen ist wünschenswert, die verläßliche Bereitstellung von öffentlichen Gütern wiederum ist indisponibel. Damit haben öffentliche Institutionen auch eine ganz spezifische Reorganisationslogik, die mit Widerstand und Starrheit zu einfach umschrieben ist. Organisationsberater sollten – wie auch bei Fusionen – ihr gesamtes erlerntes Handwerkszeug in der Hinterhand halten und im übrigen ein Gefühl für die spezifischen und auch rationalen Widerstände entwickeln.

---

[122] Vgl. Martin 1999.

Paradoxie 5:
Die Slim fast-Professionalisierung des Staates

Eine aus der Managementphilosophie der frühen neunziger Jahre importierte Illusion hat nun auch den Staat eingeholt: die Phantasie vom *schlanken Staat.* Wie wir im weiteren zeigen werden, geht es hier vielmehr um die Schaffung eines effizienten Staates, also mehr um *das* Prinzip der Professionalisierung als um das aus der Betriebswirtschaftslehre nicht herauszulösende Prinzip der Rationalisierung.[123] Die dem neo-liberalen Gedanken entsprechende Verschlankung des Staates trifft nur eine Seite des Problems, denn die Kundenorientierung wurde dort (bei den Wirtschaftsorganisationen) wie auch hier (beim Staat) vergessen. Was bei Unternehmen überraschenderweise noch heute für Aufregung sorgt – *customer relationship management* und *clienting* –, ist beim Staat aufgrund der angenommenen Konkurrenzlosigkeit zunächst abstrakter. Aber die generelle Ökonomie von Dienstleistungen und Produkten ergibt sich hier nicht unmittelbar aus dem Senken der Produktionskosten, sondern im wesentlichen durch Steigern des Wertes eines Gutes für den Kunden, der es bezieht.

Die ohnehin meistens als indiskutabel angesehene Qualität der Dienstleistungen von seiten staatlicher Institutionen ist nicht vereinfachend über Kostensenkungen zu erhöhen, sondern über Professionalisierung der gesamten Wertschöpfungskette.[124] Nach einer aktuellen Untersuchung des Beratungshauses Deloitte & Touche von 261 hochrangigen Regierungsvertretern aus Australien, England, Kanada, Neuseeland und den USA hat sich knapp ein Drittel bereits als »kundenorientiert« eingestuft, 40 Prozent hingegen betrachten sich selbst noch immer als »kundenunfreund-

[123] Vgl. hierzu auch Oettle 1998.

[124] Vgl. auch Stöbe 1996; Eimicke 2000; Jann 2000; Priddat 2000d, Granow/Platt/Vaysman 2000.

lich«.[125] Dieser Aspekt wird insbesondere dann relevant, wenn die staatliche Dienstleistung unter Wettbewerb gerät.

In einer Befragung der Bertelsmann Stiftung von 190 (Ober-) Bürgermeistern deutscher Großkommunen im Herbst 2000 war die ›Kundenorientierung der Verwaltung‹ oberste Priorität (72 Prozent). Allerdings sind diese Absichtserklärungen keine Auskunft über die Verwaltungswirklichkeit, was sofort deutlich wird, wenn die (Ober-)Bürgermeister den Qualifizierungsbedarf der Mitarbeiter für ›Kunden-/Serviceorientierung‹ bei 72 Prozent sehen (und bei 55 Prozent für die Führungskräfte).

Ziele für die Modernisierung der Kommunen

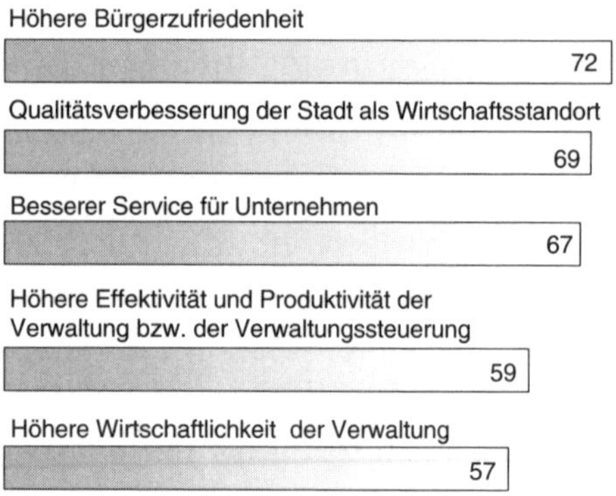

Quelle: Bertelsmann Stiftung (2000)

Die paradoxe Aufgabe des Staates heißt nun: *Erhöhung der Servicequalität bei gleichzeitiger Kosteneffizienz.* Dies läßt sich nur

[125] Deloitte & Toche 2000, vgl. zu einem weiteren Webcheck auch Dodd et al. 2000. In einer deutschen Umfrage von PriceWaterhouseCoopers und dem Deutschen Städte- und Gemeindebund vom Jahr 2000 sind zwar 81 Prozent der 88 befragten Städte für eine deutlich bürgernähere Verwaltung, aber 89 Prozent haben keinerlei Vorstellung darüber, was die Bürger vom Online-Angebot ihrer Städte erwarten könnten.

über eine flexible Wertschöpfungskettenanalyse bei gleichzeitig strategischem Outsourcing erreichen. Allianzen und Virtuelle Organisationsformen werden dabei ebenso zentral werden wie eine Kundenintegration. Wie dies konkret aussehen kann, wird im folgenden Abschnitt skizziert.

Unsere zu belegende These lautet nach den bisher dargestellten Formen der Staatsorganisation und den skizzierten Paradoxien nun abschließend, daß das Konzept der Virtualisierung des Staates – im Sinne einer *eGovernment*-Strategie – eine »oszillodoxe Organisationsform« schafft, also genau diese gezeigten Paradoxien in sich aufnehmen kann und in ihnen oszillationsfähig bleibt.[126] Oszillodoxe Organisationen in diesem Verständnis sind durch eine responsive, selbstorganisierte Änderungsfähigkeit der eigenen Organisation ausgezeichnet, so daß nicht wie in der Bürokratie Strukturentscheidungen weitere Entscheidungen nach sich ziehen. Nach der Vergangenheitsbewältigung widmen wir uns nun der Gegenwart und Zukunft des Staates.

---

126 Vgl. zur Historie und zur Bestimmung des Virtualisierungsbegriffs sowie zum Konzept der oszillodoxen Organisationsformen Littmann/Jansen 2000.

III. Electronic Government

Virtualisierungsdimensionen des Staates

In diesem Hauptabschnitt wird zunächst die grundsätzliche Frage nach den Möglichkeiten eines Transfers von Managementmoden in Wirtschaftsorganisationen auf das politische System aufgeworfen. Darüber hinaus bedarf es einer grundsätzlichen Analyse der mittlerweile in vielen Disziplinen begonnenen Diskussion über die unterschiedlichen Zusammenhänge zwischen Politik und dem Internet. Es folgt ein Vorschlag, wie man das noch vage definierte und in Deutschland noch in der Entwicklung befindliche Thema *eGovernment* definieren und strukturieren könnte. Dabei wird einerseits eine akteurszentrierte Unterscheidung eingeführt, die weitergehend anhand von einzelnen Virtualisierungsdimensionen ausdifferenziert wird. Abschließend werden die von uns als relevant eingeschätzten vier P-Trends der Virtualisierung des Staates ausführlich diskutiert.

Zurück in die Zukunft? Re-Import der Managementphilosophie in die Verwaltungswissenschaft

Kann und soll der Staat von Management- und Organisationsmodellen der Wirtschaftsorganisationen überhaupt lernen? Diese Frage ist möglicherweise aufgrund der Erwartbarkeit der Antwort zunächst irritierend, aber aus mindestens drei Gründen berechtigt:

Zum einen ist der Erfolg der Management- und Organisationsmoden retrospektiv betrachtet zweifelhaft – wie am ›*lean management*‹ gezeigt. Die Bücher, die sich mit den Gründen für das Scheitern beispielsweise von Re-engineering befassen, verkaufen sich genauso gut wie die Originale. Der schnelle Wandel der beratungsinduzierten Moden zielt daher mehr auf den Wandel selbst ab, den Beratungen aufgrund der geringeren Spezifität der Produktion schneller durchführen können. Zum andern müssen Staatsorganisationen normale Gepflogenheiten in der Wirtschaft erst mühsam simulieren (Wettbewerb, Kooperation, Kunde, Service, Qualität), bevor sie sich auf die Abenteuer des Managements einlassen können. Zum dritten setzt gerade das Lernen die Beherrschung einer Managementmode bereits voraus: die Methode der Lernenden Organisation. Gerade an diesem theoretisch (oder besser: managementphilosophisch) gefeierten und praktisch zumeist gestorbenen Projekt als Annahme aufzusetzen ist mutig – vor allem deshalb, weil das konzeptinhärente *Ent*lernen von Prozessen bei staatlichen Institutionen aufgrund des geringeren Leidensdrucks nochmals komplexer erscheint.

Die Frage nach der Lernfähigkeit und der Lernbereitschaft wird nun auch in Verwaltungszeitschriften gestellt. So sieht sich Verwaltungswissenschaftler Gernot Joerger nicht in der Lage, ein pauschales Urteil darüber abzugeben, ob die über 5 Millionen Beschäftigten in öffentlichen Institutionen lernbereit und lernfähig sind, aber er ist trotz allem realistisch hinsichtlich der Umsetzungsgeschwindigkeit: »Die meisten Anregungen für neue Formen des Managements in der öffentlichen Verwaltung kommen aus der Wirtschaft. Manche Verwaltung adaptiert Jahre später zögernd die eine oder andere Idee, manchmal erst dann, wenn sie in der Wirtschaft schon wieder als überholt gilt.«[1] Neben den Problemen

---

[1] Joerger 2000, S. 9.

bei der Führungsqualifikation wegen neuartiger Managementmethoden, beim Vorschlagswesen, bei Mitarbeitergesprächen, bei umfassenden Bewertungsverfahren oder auch den Fort- und Weiterbildungsaktivitäten (weniger als ein Prozent der gesamten Personalkosten) scheint noch ein erhebliches Defizit im Vergleich zur Privatwirtschaft vorzuliegen.

Dennoch sind insbesondere in den neunziger Jahren deutliche Veränderungssignale erkennbar geworden. Das sogenannte Neue Steuerungsmodell hat eine Vielzahl von Leitbildern, Kontraktmanagement, internen Zielvereinbarungen, Produktplänen und -beschreibungen, Budgetierungen, umfangreichen Controllinginstrumenten in deutsche Verwaltungen gebracht. Eine verstärkte Kundenorientierung und Qualitätsmanagement sind erkennbar geworden und werden zunehmend in internationalen und nationalen Wettbewerben von Universitäten oder Medien ausgezeichnet.

Aus drei Gründen jedoch kann gerade eine lernende Verwaltung bei der Umsetzung von Virtualisierungsstrategien angenommen werden:

(1) Zunächst – historisch argumentiert – stammt die Organisationstheorie, die heute die Industriekonzerne prägt, aus der Verwaltungswissenschaft und ist in der Wirtschaft viel prominenter und relevanter geworden. Ein Re-Import kann von daher als durchaus möglich angesehen werden. Wenn auch das Lernen der Eltern von ihren Kindern nicht immer unproblematisch ist, hat es sich bei generationsspezifischen Kompetenzunterschieden doch bewährt.

(2) Das Virtualisierungskonzept hat – nach dem im Jahr 2000 börsenbedingt wieder normaltemperierten *Gründungs*prinzip – auch die Großkonzerne als *Reorganisations*prinzip gerade erst erreicht. So entsteht nicht der Verdacht bloßer, einfallsloser Nachäfferei, sondern sie wird als zeitgemäße Neuerfindung interpretiert, die auch mit einer positiven Selbstbeschreibung einher-

geht[2] und zunächst die Rationalisierungsvermutung hinter die Neugier der Regierungen treten läßt. Die Privatwirtschaft ist mit ihren Internet-Aktivitäten auch nur in bestimmten Bereichen wirklich fortgeschritten, so daß hier Verwaltungsmessen wie »Moderner Staat« in Berlin schon fast einer Mittelstandsmesse zum eBusiness ähnelt. Mittelfristig kann man sogar davon ausgehen, daß aufgrund der wesentlich höheren Sicherheitsvorkehrungen bei der rechtssicheren und überprüfbaren Umsetzung von hoheitlichen Entscheidungen eine technologische Innovationswelle und Penetration durch den öffentlichen Sektor forciert wird. Bei den Themen wie der digitalen Signatur wird der Staat im Rahmen seiner eigenen Aktivitäten eine treibende Kraft bei der gesellschaftlichen Durchsetzung bestimmter Sicherheitsstandards sein.

(3) Der dritte Grund liegt ebenfalls in der Neuerfindung – diesmal der Neuerfindung der Wahlen sowie weiterhin der Politik als für Massenmedien ausbeutbares Phänomen. Parteien auf nationalem Level und Regierungen auf dem internationalen Parkett haben sich aufgrund von Differenzierungsproblematiken bereits in Marketingzusammenhänge hineinmanövriert, die auch die gesellschaftliche Themenvielfalt erhöht hat. Zur Vermehrung von Wählerstimmen werden Themen und Personen als Marken eingeführt und auch so kommunikativ betreut.[3] Der Aufstieg der Grünen ist lediglich auf den fehlenden Diskurs gesellschaftlich relevanter The-

---

2 Wie beispielsweise der Name des englischen Reformgremiums »*Information Age Government Champions*« eindrucksvoll belegt. Dieses 1999 etablierte Gremium ist aus 36 Regierungs- und Kommunenvertretern aller politischen Bereiche zusammengesetzt; es soll die Umsetzung »Modernising Government White Paper« begleiten. Siehe dazu URL http://www.iagchampions.gov [Stand: 7. August 2000].

3 Daß Politik im modernen Sinne im wesentlichen *Thematisierung* bedeutet, ist bei Dirk Baecker nachzulesen (Baecker 2000a); was *Thematisierung* – nunmehr im Managementkontext: als *issue-management* – leistet, findet sich in Liebl 2000.

men zurückzuführen, was nach verspäteter Aufnahme in die Parteiprogramme der etablierten Parteien wiederum auch zum Problem der Grünen wurde. In moderner Business-Sprache ausgedrückt: Der sogenannte *first mover advantage* beim *branding* von gesellschaftsrelevanten *political issues* für die Massenmedien ist zentral. Er verschiebt parteienbedingt die gewohnte Konkurrenzperzeption von kontinuierlichen Märkten für die Produkte und Dienstleistungen (Staatsaufgaben) in politisch regulierte und kurzfristige Märkte um Stimmen – wie die Neue Politische Ökonomie es im einzelnen analysiert.[4] Damit hat sich die Parteienlandschaft auch einem *Flügelkampf* mit gegensätzlichen Positionen in einen Wettlauf um nahezu identische Themen ergeben – der allerdings noch nicht immer verstanden wird und sich im gewohnten Oppositionshabitus zu einem Problem für Parteien darstellt.[5] Die neue Programmatik wird noch in der alten Semantik verhandelt. Parteien verkaufen sich noch als ›links‹, ›Neue Mitte‹ und ›rechts‹, während sie lediglich unterschiedliche Anpassungsgeschwindigkeiten im Kontext der dynamisierten Wirtschaft und einer Gesellschaft im Wertewandel signalisieren. Ideologien werden verdünnt und gemischt. An die Stelle von Ideologien treten Personen oder Metaphern. Eine Metapher erschließt eine politische Lage, klärt diffus das Diffuse. Dafür belohnen die Wähler bestimmte Politiker an der Wahlurne (bis der ›semantische Wert‹ sinkt). Vornehmlich dient die scheinbare Klärung durch metaphorische Kondensation einer Bestätigung, daß keine Änderungen zu erwarten sind und

---

4 Vgl. z.B. Wohlgemuth 1999 oder grundlegend Mueller 1989; Alt/Shepsle 1990, Frey/Kirchgässner 1994.

5 Man denke hier nur an das nordrhein-westfälische Thema »Kinder statt Inder« und die im Ausland hinsichtlich des Rollentausches von Promotors (nun SPD) und der bremsenden Opposition (nun CDU) als hochgradig innovativ aufgenommene Steuerreform beispielsweise bei der Besteuerung der Veräußerung von Unternehmensbeteiligungen.

gesellschaftliche Unsicherheit in einer komplexen Umwelt gelöst werden kann, damit Zukunftsängste nicht aufkommen. Änderungsvermeidungen können also ebenso wie Änderungsdefizite politische Markenartikel werden.[6]

Auch die Semantik der »Neuen Mitte« war zunächst deswegen so genial, weil sie neben einem Thema (Politik = Produkt) auch gleichzeitig ihre Zielgruppe (Wähler = Käufer) erfand, bis diese bemerkte, das es sie eigentlich gar nicht gibt. Zum Thema Virtualisierung nicht unwesentlich: Die von Werbeagenturen durchgestylten Websites der Parteien beim Bundestagswahlkampf 1998 waren bereits eine Ergänzung des Politikmarketing-Mix.[7]

Politik ist selbst ein Medienmarkt. Die Politische Ökonomie beschreibt dies als Stimmenmaximierung von *politischen Unternehmern (political entrepreneurs*, mit *log rolling*, Stimmenkauf und anderen Marktereignissen). Es werden auf diesem politischen Markt allerdings nicht nur, wie die Politische Ökonomie unterstellt, Programme gehandelt, sondern vor allem Bedeutungen, Interpretationsangebote und Atmosphärisches. Die Bedeutung größter Reichweite oder größten Sprachspieleinflusses steigt. Die Stimmen in der Wahl werden für Erwartungen gegeben (und für Erwartungstimmungen, d.h. stimmige Thematisierungen). Wer in der Politik Erwartungen ›steuern‹ kann, erhöht seine Chance, zu gewinnen. Die Enttäuschungen folgen regelmäßig. Die Zahl der Nichtwähler nimmt zu, Vertrauen schwindet.

Dennoch überwiegt die Illusion der Erwartungserwartung. Politik erhält sich selbst, indem sie bei aller faktischen Enttäuschung über ihre Realisationen gegenüber den Hoffnungen, die sie weckte, nur die Alternative *exit* oder *entry* läßt. Wer mit der Politik nicht zufrieden ist und keiner Opposition glaubt, wählt einfach nicht

---

6 Es sei an dieser Stelle nur daran erinnert, daß Schröder im Wahlkampf 1998 mit der Devise »Nicht anders, sondern besser« angetreten ist.

7 Vgl. Leggewie 1999.

mehr: *exit*. Da der Aufbau einer eigenen Opposition transaktionskostenintensiv ist, entfällt diese Altenative gewöhnlich. Man geht dann doch auf Ersatzoppositionen, obwohl man sie nicht eigentlich goutiert. Man wählt dann nicht das Programm dieser Opposition, sondern die Opposition, um den herrschenden Mehrheiten in irgendeiner Form drohen zu können.

Da es keine Alternative zur Politik gibt, wird sie immer wieder neu mit Erwartungen besetzt. Nicht die rationale Kalkulation des Nutzens der Politik, sondern das symbolische Aushandeln von immer wieder neuen »Vertrauensjokern«[8] läßt die Bürger Parteien und Politiker wiederwählen, obwohl diese die Erwartungen bereits enttäuscht haben.[9] Die Wähler stehen in der Ambivalenz ›Rückzug‹ aus der Politik[10] oder verstärkte partizipative Mitsprache.

Levy spricht von einem ›*contingent consent*‹, den die Wähler bzw. Bürger gegenüber dem Staat bzw. der Politik haben: Sie investieren in Vertrauen, desinvestieren aber auch schnell.[11] Je mehr die Bürger der Politik vertrauen, desto mehr sind sie geneigt, die Politik zu delegieren; je weniger sie vertrauen, desto stärker wollen sie partizipieren. Es gibt allerdings eine Schwelle darunter, in der sie, der Politik nicht mehr vertrauend, dennoch ihre Entscheidungen an sie delegieren, weil sie keine Alternativen sehen – vor allem nicht bei sich selbst.

Auch dieses Verhältnis oszilliert in der Zeit. Momentan erleben wir empirisch den Rückzug von Wählern, parallel zu einer Debatte über *new governance* mit neuen partizipatorischen Konklusionen

---

8 Als »manufactured images«, vgl. Newmann 1999.

9 Vgl. Brennan 1998; auch andere Aufsätze in Braithwaite/Levy 1998.

10 Vgl. zu der »*Narkotisierung und politisches Schweigen*« Zolo 1998, S. 202 ff.

11 Levy 1998, S. 88.

(mit den Vokabeln ›Zivilgesellschaft‹ oder ›Bürgergesellschaft‹) – eine normale Paradoxie demokratischer Prozesse.[12]

Insgesamt sehen wir derzeit gute Voraussetzungen für eine Neuerfindung des politischen Systems.[13] Diese Neuerfindung wird allerdings in der Konsequenz ebenso unvorhersehbar sein, wie wir das von den Unternehmen als nicht-triviale Maschinen schon kennen.

Für und durch das, in und auf dem Netz... Das Verhältnis von Politik und Internet

Die neue Beziehung zwischen Politik und Internet wird spätestens seit 1993 intensiver diskutiert.[14] Für die deutsche Diskussion war die im Frühjahr 1996 veranstaltete »Burda Akademie zum Dritten Jahrtausend« richtungsweisend. Daraus sind offline und online Diskussionen entstanden sowie eine weitreichende Veröffentlichung.[15] Als das Thema auftauchte, war allerdings auffällig, daß das Verhältnis von Politik und Internet sehr unterschiedlich bewertet werden kann, was mit dem Unterschied zwischen Fremdreferenz und Selbstreferenz zu erklären ist.

So kann man mindestens vier unterschiedliche Arten von Politik und Internet unterscheiden:

---

12 Vgl. Perger 2000.

13 Bemerkenswert ist allerdings, daß ein neues Buch zur ›Zukunft der Demokratie‹ im Jahre 2000 keinen einzigen Hauptartikel führt, der auf die Dimension des eGovernment und der eDemocracy Bezug nimmt (vgl. Klingemann/Neidhardt 2000).

14 Für die amerikanische Diskussion vgl. Hagen 1997.

15 Siehe URL http://www.heise.de/tp/deutsch/special/pol/default.html [Stand 08.08.00] und Leggewie/Maar 1998, auch Gellner/von Korff 1998, Stradtmann 1998, Eisel/Scholl 1998, Schmalz-Bruns 2000, aber auch die Literatur in URL http://www.internetwahlen.de.

(1) *Politik für das Internet.* Die Fremdreferenz der Politik bezieht sich auf die Unterscheidung von regulatorischen Anforderungen und selbstregulatorischen Zugeständnissen (Domain-Verwaltung, Technologie- und Sicherheitsstandards, Verbraucherschutz, Steuern, Content-Zensur etc.), denen sich die Politik durch das allgegenwärtige, dezentrale und scheinbar unkontrollierbare Internet ausgesetzt sieht. Eine weitere Fremdreferenz ist die ordnungspolitische Aufgabe beispielsweise bei der Hilfe zur Existenzgründung bis hin zur »Green Card«-Diskussion im Zusammenhang mit ausländischen Internetexperten. Ebenso wird hier die Frage des *digital divide* relevant, d.h. die Problematik der gesellschaftlichen Teilung hinsichtlich ihrer Internetzugangs- und -umgangsmöglichkeiten (»Schulen ans Netz«, Wirtschaftsförderungen).[16] Im Grunde sind das Netz selbst und seine damit ermöglichten Informationszugänge und Austauschmöglichkeiten ein quasi-öffentliches Gut.[17] Die skeptische Erörterung hält sich an den Fragen auf, wer zur Zeit Zugang hat und wie der Zugang für alle zu schaffen sei[18], versäumt aber zu fragen, welches Politik(selbst)verständnis die Zugangsattraktivität erhöht.

(2) *Politik durch das Internet.* Zwischen Fremd- und Selbstreferenz oszillierend haben insbesondere die Aspekte der elektronischen Demokratien *(eDemocracy)* einen wesentlichen Akzent in der Diskussion von 1996 bis 1998 gesetzt. Hoffnungen und Ängste hinsichtlich des Einflusses des Internets auf die Politik und auf die Demokratisierungschancen durch das Netz sowie die Vernetzungschancen der demokratischen Institutionen sind ausführlich erörtert

16 Vgl. hierzu Magaziner 1998.

17 Vgl. zu der Diskussion der politischen Organisation *(governance)* des Internets z.B. Post 1997 oder Post/Johnson 1997.

18 Vgl. die Aufsätze in Calabrese/Burgelman 1999, aber auch Schmalz-Bruns 2000, S. 15ff. und die dort angeführte Literatur.

worden[19], wenngleich auch diese Diskussion aufgrund enttäuschter Euphorie[20] – wie so häufig beim Internet – scheinbar ihren Höhepunkt schon hinter sich hat.[21] Hague und Loader beschreiben zusammenfassend die erwarteten Vorzüge der neuen Kommunikationsmedien für die *eDemocracy*; sie unterstützen:

- »interaktive Prozesse (...), indem sie eine many-to-many-Kommunikation auf reziproker Basis erlauben;
- die zudem eine globale Reichweite besitzen und nicht an den nationalstaatlichen Grenzen
- oder durch staatliche Zensurmaßnahmen unterbrochen werden;
- so daß sie Formen der politischen Assoziierung in neuen virtuellen Gemeinschaften
- sowie damit zusammenhängend den freien Fluß relevanter Informationen ermöglichen,
- die schließlich das Informations- und Wissensmonopol von Experten wie staatlichen Akteuren effektiv unterlaufen und die öffentliche Willensbildung auf eine unabhängige Wissensbasis stellen«.[22]

---

19 Vgl. zu dieser Diskussion z.B. Resnick 1998; Hague/Loader 1999; Geser 2000.

20 Vgl. z.B. die Einschätzung von Leggewie 1998; auch Leggewie/Maar 1998; Eisel/Scholl 1998; Gellner/von Korff 1998; Calabrese/Burgelman 1999, Hague/Loader 1999, Resnick 1998, Geser 2000, Schmalz-Bruns 2000.

21 Vgl. hierzu die umfangreiche, allerdings nicht weiter aktualisierte Literaturliste der Uni Marburg aus dem Jahr 1999: URL http://staff-www.uni-marburg.de [Stand 08.08.00]. Vgl. weiterhin das Portal URL http://www.politik-digital.de [Stand 08.08.00], das ebenfalls im wesentlichen auf eDemocracy abstellt und z.B. Artikel aus verschiedenen Tages- und Wochenzeitungen zur Verfügung stellt. Über die »advocatory networks in international politics« vgl. Keck/Sikkink 1998. Reanimierend auch Heuser/Kantara/von Randow 2000.

22 Schmalz-Bruns 2000, S. 14, zit. nach Hague/Loader 1999, S. 6. Schmalz-Bruns äußert erhebliche Skepsis, ob die neuen Kommunika-

(3) *Politik im Internet.* Hier wird die selbstreferente Anwendung des Internets für die klassischen politischen Aktivitäten auf dem Internet untersucht. Solange die Domain des Bundeskanzlers URL www.gerhard-schroeder.de noch von der Jungen Union gehalten und betreut wird, wird die Relevanz des Internets für die eigene Politik offenkundig noch stark unterschätzt. Bislang sind für die empirischen Beispiele noch rar und daher auch die Beiträge noch spärlich. Bislang werden die Public Relations-Aktivitäten von Parteien, Virtuelle Parteizentralen, elektronische Wahlen sowie die Campaigning-Aktivitäten im amerikanischen Wahlkampf diskutiert.[23] Weitergehende Experimente in Praxis wie Theorie stehen noch am Anfang – was bei der noch immer stattfindenden Verwendung von Lochkarten für Wahlabstimmungen zu einer Beschleunigung führen dürfte.[24]

(4) *Internet für die Politik.* Durchaus mit dem Punkt (3) zusammenhängend muß hier gefragt werden, inwieweit das Internet auch *backstage* für das politische System genutzt werden kann. Damit sind Fragen zu technologischen Möglichkeiten bei der Unterstützung der administrativen und operativen Aktivitäten des Staates angesprochen. Diese Fragen beziehen sich vor allem auf die durchschaubare Professionalisierung von Schnittstellen in der staatlichen Wertschöpfungskette zur Produktion und zum Vertrieb der öffentlichen Güter und Dienstleistungen. An dieser Stelle kann erst auf

tionsmedien die an sie gesetzten Erwartungen erfüllen, d.h. ob alle beteiligt werden (deliberative Gleichheit), »ob sie tatsächlich die epistemische Orientierung der Kommunikation prämieren« und ob sie schließlich »eine Form von Öffentlichkeit bilden, die mit der staatlichen Willensbildung vermittelt und rationalisierend auf diese einwirken kann« (Schmalz-Bruns 2000, 15).

23 Vgl. z.B. Resnick 1997 und Corrado/Firestone 1996, aber auch Caldow 1999, Bieber 1999 und 2000, und Schröder 2000.

24 Vgl. Kubicek/Hagen 1999 mit einer Studie über ›One-Stop-Government in Europe‹.

wenige praktische Beispiele und noch kaum auf grundlegende Literatur verwiesen werden, weil sich dieser Bereich insbesondere in Deutschland im Jahr 2000 gerade erst etabliert hat.

Zusammenfassend kann man den im Englischen präziser gefaßten – weil ausdifferenzierteren – Politikbegriff zur Beschreibung der Verhältnisse heranziehen: Das Internet wird für alle drei Bereiche der Politik im Rahmen der Entscheidungsfindung und der letztlichen Intervention – *policy, politics* und *polity* – relevant[25]:

- *policy* verstanden als konkrete staatliche Interventionen (top-down) = *politischer Gebrauch des Netzes,*
- *politics* verstanden als Artikulations- und Aggregationsprozeß von Interessen (bottom-up) = *netzbezogene Politiken* und
- *polity* als politische Verfassung von Wissensgesellschaften und elektronische Demokratien selbst = *Politik(en) im Netz.*[26]

Zusätzlich zu den drei Politikebenen im Rahmen der Entscheidungsfindung und Intervention kommt die wesentliche Dimension

- der auf Internettechnologien basierenden administrativen und operativen Unterstützung bei der Erfüllung von Staatsaufgaben inklusive der Produktion von öffentlichen Gütern *(operations).*

Den Charme und gleichzeitig die Radikalität, die das Internet für das politische System aufweist, ist der *re-entry* der vier Dimensionen der Politik *(policy, politics, polity* und *operations)* in die Politik selbst, also die Wiedereinführung des Politischen in die Politik im Sinne einer (strukturellen) Rückkoppelungsmöglichkeit der Politik an die anderen Funktionssysteme der Gesellschaft. Es geht bei dieser Wiedereinführung dieser vier Unterscheidungen in

[25] Aufbauend auf Überlegungen von Resnick 1998, S. 55–67 und Leggewie 1998, S. 24–44.

[26] Vgl. Schmalz-Bruns 2000, S. 10f.

die Politik darum, die politischen Spiele, Steuerungsverfahren und ihre Regeln für die Politik selbst wieder verfügbar zu machen.

Die Politik wird selbst hinsichtlich ihrer eigenen Entscheidungsfindung, Intervention und Operation dem politischen Prozeß unterzogen. Die Virtualisierung des Staates im Rahmen eines *eGovernment* kann man genau unter dem Aspekt der Wiedereinführung des Politischen in die Politik auf allen vier angesprochenen Ebenen betrachten.

Vorschlag für eine Definition von eGovernment

eGovernment hat in seiner sehr jungen Diskussion bisher noch keine allgemein akzeptierte Definition gefunden. Die Einträge in den Suchmaschinen vermehren sich stündlich, dennoch ist auch diese Diskussion noch auf der fundamentalen Suche nach dem *hype*[27], den das *buzzword*[28] zu versprechen scheint. Venture Capital-Firmen, die gerade das Halbjahresthema »Business to Business« mühsam überstanden haben und sich eben noch vom »Business to Consumer«-Geschäft erholen, wissen nun noch weniger als zuvor, was die Kommerzialisierbarkeit von Ideen in diesem Bereich anbelangt.

Die Diskussion ist noch hoch fragmentiert, uneinheitlich, und es mangelt an Übersichtsartikeln und wissenschaftlichen Debatten. Selbst an dem seit einigen Jahren arbeitenden IBM-Institute for Electronic Government in Washington ist man eigentlich noch nicht weitergekommen mit der begrifflichen Bestimmung des Phänomens.[29] Auffällig ist, daß dieses Thema in nahezu allen Bei-

[27] Hype ein modisches Substantiv für ein ultimatives Ereignis.
[28] Ein Buzzword ist eines der magischen Wörter, bei dem es klingelt und alle nur nicken können.
[29] Vgl. Caldow 1999 a und b.

trägen entweder technologisch erörtert oder von der Beschaffungsseite her angesprochen wird. Eine gewisse Ausnahme stellt hier das im September 2000 verfaßte Memorandum »Electronic Government« des Fauchausschusses Verwaltungsinformatik der Gesellschaft für Informatik e. V. (GI) und des Fachbereiches 1 der Informationstechnischen Gesellschaft (ITG) im VDE dar: »Unter Electronic Government wird im folgenden verstanden: die Durchführung von Prozessen der *öffentlichen Willensbildung, der Entscheidung und der Leistungserstellung* in Politik, Staat und Verwaltung unter sehr intensiver Nutzung der Informationstechnik.«[30]

Für einen umfassenden Vorschlag zur Definition wird in der folgenden Übersicht zunächst eine *stakeholder*-bezogene Darstellung gewählt, die die allgemeinen Akteursbeziehungen aufnimmt und in die von Venture Capital-Firmen geprägte »Internetsprache« übersetzt (siehe Abbildung nächste Seite).

Bei dieser Darstellung werden vor allem austauschbezogene Beziehungen (Austausch von Informationen, Dienstleistungen und Waren) der einzelnen Spieler hervorgehoben. Damit wird zunächst einmal nur die Einbettung des *eGovernment* in die *New Economy* erreicht.[31]

Diese Vernetzung aller Dimensionen sei die schwierigste, wenn auch wichtigste Aufgabe des eGovernment, meint McDonough. Er bezeichnet sie deshalb analog zur *true economy* als Auflösung der artifiziellen Trennung von *old* und *new economy* folgerichtig als »*true electronic government*«.

---

30 Memorandum GI und ITG 2000, S. 3, eigene Hervorhebung. Vgl. auch Hill 2000b.

31 Ähnlich finden sich auch bei McDonough fünf Dimensionen: »Government to its employees, government to its industry partners, government to citizens, government to government, citizens to citizens« (McDonough 2000, S. 9).

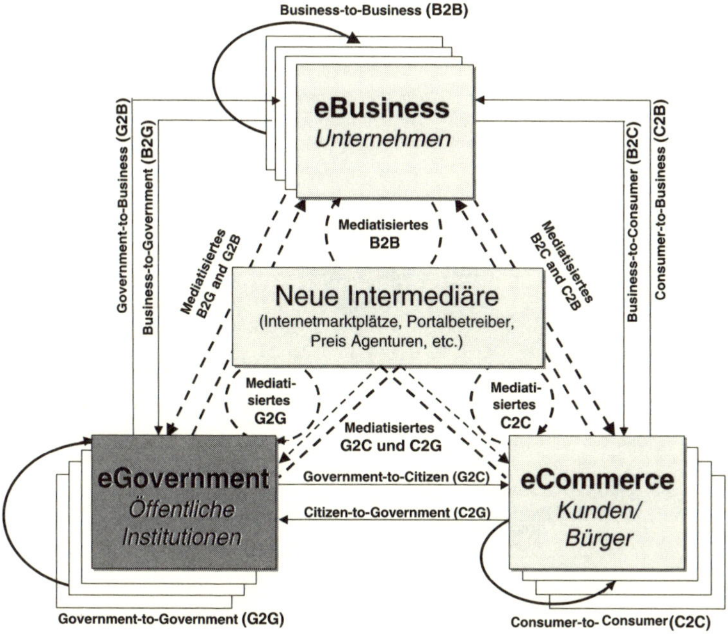

Quelle: Modifizierte Darstellung nach Littmann / Jansen (2000)

Diese stakeholderbezogene Definition muß man mit entsprechenden konkreten Virtualisierungsstrategien hinterlegen, die den breiten Umfang des *eGovernment* verständlich machen (siehe Abbildung nächste Seite).

Zusammengefaßt wollen wir unter *eGovernment* die Virtualisierung des Staates verstehen,

(1) als ein *elektronisches »one-stop non-stop«-Angebot*[32] von digitalisierten, integrierten, personalisierten und jederzeit verfügbaren *Services/Prozessen* (G2C = government to citizen) sowie als elektronische Demokratie (eDemocracy) durch ein

[32] ›One stop‹ ist das Fachwort für staatliche oder kommunale Dienstleistungen ›aus einer Hand‹ für den Bürger (vgl. das Konzept der ›Bürgerbüros‹). ›Nonstop‹ ist die Ergänzung durch 24-Stundenservice, wie es durch das Internet möglich wird.

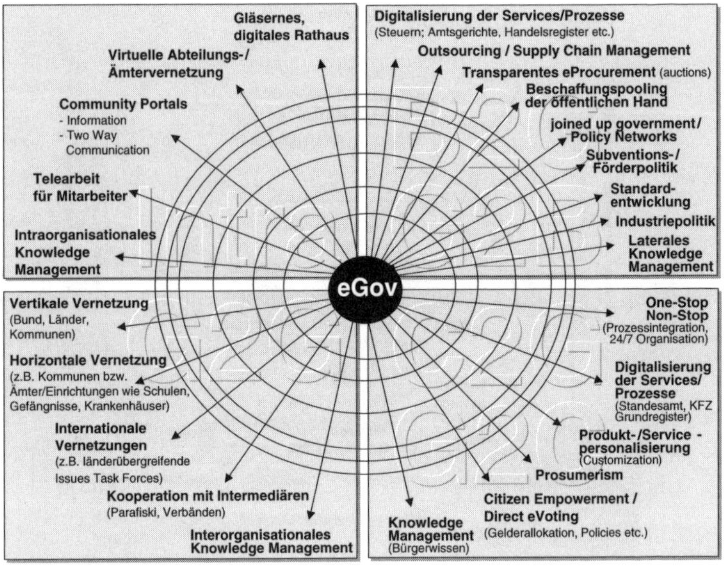

Quelle: Eigene Darstellung[33]

citizen empowerment[34] zur stärkeren Einbindung der Bürger (C2G = citizen to government),

(2) als *Optimierung der Wertschöpfungskette* mit den Zulieferer-organisationen durch eProcurement (G2B = government to business) sowie als Integration in das *policy making* durch ein »joined up government« (B2G = business to government),

(3) als *digitale Unterstützung* intraorganisationaler (amtsübergreifender), vertikaler (Bund, Länder, Kommunen), horizontaler und internationaler Vernetzung *zur Kooperation zwischen öffentlichen Institutionen und intermediären Einrichtungen* (G2G = government to government), und

(4) als *gesellschaftliches Knowledge Management*, dessen Wis-

[33] Vgl. die Abbildungen zu den Virtualisierungsdimensionen bei Littmann/Jansen 2000, S. 93–97.

[34] Empowerment ist einer der derzeitigen Trendbegriffe und zielt auf die Befähigung zur Teilnahme ab (Bürgerbefähigung).

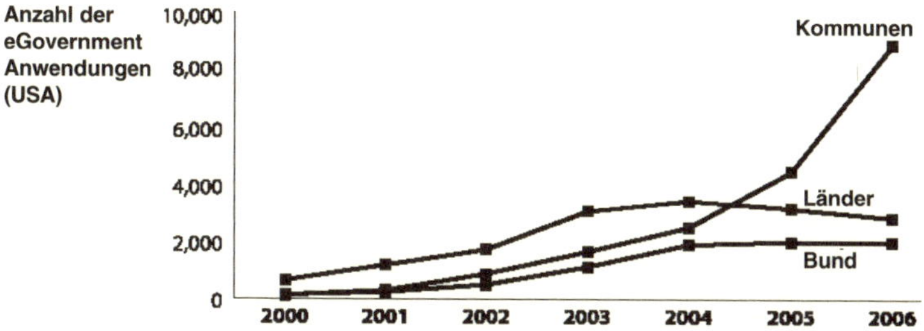

	2000	2001	2002	2003	2004	2005	2006
Kommunen	130	300	880	1,660	2,510	4,480	8,920
Länder	650	1,190	1,730	3,080	3,450	3,180	2,850
Bund	140	240	500	1,130	1,910	2,020	2,020
Gesamt	920	1,73	3,110	5,870	7,870	9,680	13,790

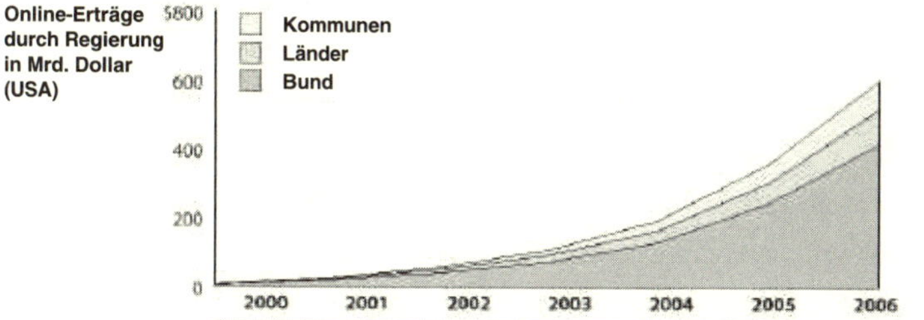

	2000	2001	2002	2003	2004	2005	2006
Kommunen	0.7	2.9	6.7	14.5	29.1	54.9	84.8
Länder	0.8	3.6	9.4	20.3	34.4	58.6	101.5
Bund	3.6	17.3	39.2	71.2	129.0	243.4	416.1
Gesamt (Mrd.)	$5.0	$23.9	$55.3	$106.0	$192.5	$356.9	$602.4

Quelle: Sharrad 2000

sensbasis sich aus allen Bereichen speist (CBG2G = citizen, business, government to government).

Bevor nun im folgenden diese Elemente unseres vorgeschlagenen Verständnisses ausführlicher diskutiert werden, wollen wir einen ersten Blick auf die Zukunft des eGovernment werfen. Aufgrund der Entwicklungen, die bisher vor allem in den USA weit vorangekommen sind, stehen auch nur dort erste Prognosen zur Verfügung. Das renommierte Marktforschungsinstitut Forrester Research hat erstmals im September Zahlen zur Anzahl und zum Volumen von eGovernment-Anwendungen veröffentlicht. Ähnlich wie auch beim Mitbewerber Jupiter Online waren bis zu diesem Zeitpunkt nahezu keine Einträge zu diesem jungen Analysefeld verfügbar.

Aus diesen Zahlen wird deutlich, daß wir mit dem eGovernment bei 14000 Anwendungen und einem Volumen von 600 Mrd. Dollar für das Jahr 2006 vordergründig einen gigantischen Markt aufgezeigt bekommen, in Wirklichkeit aber die bisherigen Logiken aus der Business-to-Consumer- und Business-to-Business-Welt vollständig vergessen müssen.

Die vier P-Trends des eGovernments

»Technologien sind politisch naiv. Politik ist technologisch naiv.« Damit scheinen beide zentralen Herausforderungen der Virtualisierung des Staates benannt zu sein, folgen wir Robert Cailliau, Miterfinder des World Wide Web. Die im folgenden skizzierten Trends können sicherlich auch als wissenschaftliche Naivität gegenüber den Möglichkeiten aus dem Verhältnis Technologie und Politik verstanden werden.[35] Dennoch sollen hier vier als wesentlich identifizierte Entwicklungen skizziert werden, die man zur Zeit noch weitgehend programmatisch und sicherlich mitunter unreflektiert euphorisch vortragen muß, um sie erst nachträglich anhand weiterer empirischer Forschung hinsichtlich der tatsächlichen Potentiale zu analysieren.

---

35 Kritisch hierzu Schmalz-Bruns 2000.

Trend 1: PROSUMERISM
customer integration = citizen empowerment = political directness

Die Zeiten der Kunden*orientierung* sind auch bei Wirtschaftsunternehmen endgültig vorbei. Kunden*integration* heißt das neue Konzept, das auch beim Staat und seinen Behörden Einzug halten wird. Es zielt darauf ab, das Kundenwissen der Bürger in Produkte und Dienstleistungen und in den Produktionsprozeß mit einfließen zu lassen.[36] Damit kommt es zu einer Verschränkung von Produktion und Konsumtion, was Alvin Toffler bereits früh als *prosumerism* eingeführt hat. Der Gedanke wird an der Stelle interessant, wo eine neue Schnittstelle zwischen Produzent und Konsument für beide Parteien Vorteile bringt. So werden die Wertschöpfungsprozesse von beiden Seiten daraufhin untersucht, ob sie Rekonfigurationsmöglichkeit erlauben. Dies hat mindestens zwei Implikationen:

(1) Zum einen bedeutet dies, daß der Bürger Prozesse der Administration übernimmt und aus dieser Übernahme einen erhöhten Nutzen zieht.[37] Denn hier gilt das gleiche Paradox wie für das Internetbanking: Der Bürger zahlt einen Aufpreis, um die Aufgaben seiner vorherigen Dienstleister zu übernehmen. Der Nutzen, eine administrative Transaktion schnell und unaufwendig erledigen zu können, ist ein Vorteil, den man bezahlt – solange man davon ausgeht, daß die Verwaltung sich nicht als Dienstleister für die Bürger versteht. Das ist eine Übergangsphase. Später wird man es für selbstverständlich halten, daß der Staat, der mit seinen

36 Vgl. Littmann/Jansen 2000, S. 320 ff.

37 Unabhängig vom eGovernment wird die Bürgerbeteiligung diskutiert als ›aktive Bürgerschaft‹. Vgl. das »Leitbild bürgerorientierte Kommune – Aufruf zum Dialog. Auf dem Weg zu einer neuen Aufgabenverteilung zwischen Verwaltung, Politik und Bürgern« (Bertelsmann Stiftung 2000b).

Regelungen heute noch die Bürger belästigt, die Abarbeitung erstens bürgernah und zweitens gratis erledigt, weil man ihn ja sowieso bezahlt, nämlich mit seinen Steuern. Nur schnellere Bearbeitung ist dann noch geldwert.

(2) Zum anderen jedoch wird das Bürgerwissen in den Produktionsprozeß von Entscheidungen und öffentlichen Gütern einbezogen. Bisher wurden Kunden und auch Bürger nicht nach Problemlösungen befragt. Die einhellige Reaktion ist klar: Die größte Zielgruppe sind die Nichtkäufer, die größte Partei die Nichtwähler. Die Neue Politische Ökonomie hat dafür bereits früh hinreichend anregende Erklärungsansätze geliefert. Es fehlen entsprechende Anreize für die politische Beteiligung und im Grunde auch für die Wahl, weil die Bürger meinen, sie hätten doch keinen Einfluß. Bürger jedoch könnten, bei geeigneten Verfahren, *den Staat beraten* und effektivere Problemlösungen vorschlagen. Und hier wird deutlich, daß eine eDemocracy nicht als effizienteres Abfragemedium verstanden werden muß, sondern als Wissenspool, der die Erfahrungen und das spezifische Wissen der Bürger, über das der Staat regelmäßig nicht verfügt, in die politischen Entscheidungsprozesse einfließt.

In beiden Fällen wird der Bürger zu einem *Prosumenten.* Die Integration des Bürgers bei der Leistungsallokation zur überwachten Aufgabenverteilung wie auch bei der politischen Entscheidung wird zu einer entscheidenden Herausforderung für die die bestehenden Technologien Unterstützung liefern können.

Ad (1): Im ersten Fall des *prosumings* können wir die Entstehung von *@ministrations* oder digitalen Rathäusern beobachten – als Dienstleister von internetbasierten digitalisierten, personalisierten und integrierten »one stop – non stop«-Dienstleistungen und -Prozessen. 91 Prozent der deutschen Großstädte planen die Einführung von eGovernment (Umfrage bei 100 deutschen Kommunen durch Mummert + Partner). Aber erst 53 Prozent der Städte haben ein schriftliches Konzept für einen elektronischen Bürgerservice erstellt. Und erst jedes fünfte Rathaus ist überhaupt im Netz vertreten.[38] Kubicek hat in seiner Studie noch bescheidenere Ergebnisse feststellen müssen.[39]

Dieser Einsatz von internetbasierten Kommunikationsplattformen erlaubt eine neukonfigurierte Realisierung von staatlichen Leistungen und Prozessen. Hier reicht das Spektrum von Anträgen auf Sozialhilfe, Verlängerung von Pässen, elektronischen Steuererklärungen (ELSTER), Kraftfahrzeuganmeldungen, Ummeldungen beim Einwohnermeldeamt, Körperschaftssteuerzahlungen und Mehrwertsteuer-Rückerstattungen, Geburtsurkunden, polizeilichen Führungszeugnissen, Lohnsteuerkartenanträgen, Standesamtformularen, Anwohner-Parkausweisen, Bauanträgen bis hin zu elektronischen Ehescheidungen.

Konkret werden in Deutschland bisher folgende Dienstleistungen über Internet exemplarisch angeboten: *Nordhorn* hat alle 44 Ratsmitglieder über Intranet verbunden; *Passau* bezieht die Bürger über Internet in die Planung von Baumaßnahmen ein; im ›virtuellen Bürgerladen‹ werden Kindergartenplätze, Personalausweise, Wirtschaftsförderung etc. angeboten; *Mannheim* bietet einen Mix aus Tourismus, Wirtschaft und Lokalnachrichten, zudem das Bürgerforum, in dem z.B. die Stillegung des ICE-Teils im Bahnhof erörtert wird. Ausweisangelegenheiten, KFZ-Reservierungen und Ausleihverlängerungen der Stadtbibliothek sind möglich. In *Münster* kann man Standesamtstermine online reservieren; auch die Trauung kann per webcam übertragen werden. Bremen hat ein Informationsportal, bietet aber auch elektronische Steuererklärungen an. *Hamburg* bietet Informationen in zehn Sprachen an, Reiseinformationen, Auskünfte zu den Konsulaten, hat eine eigene

38 Mummert + Partner 2000.

39 Kubicek 2000.

Rubrik Ausländerbehörde und läßt gängige Formulare downloaden. In *Beelitz* (Brandenburg) können alle notwendigen Formulare heruntergeladen werden. Zudem gibt es eine spezielle Seite zur Umzugsorganisation.

Doch besteht diese Liste meist nur als Ideal; die meisten virtuellen Rathäuser haben jeweils nur wenige dieser Leistungen anzubieten.[40] Die virtuellen Rathäuser wie in Bremen, Hamburg und Mannheim sind allenfalls erste (im übrigen hochsubventionierte bzw. im Rahmen von Media@Komm-Projekten geförderten) Ansätze dieser neuen *eGovernment*-Dimension.[41] Allein für das Angebot der »Bremer Stadtinformanten« der bremen online services (bos) GmbH & Co. KG sind 16,5 Millionen DM Preisgeld der MEDIA@Komm, weitere 10 Millionen DM des Bremer Senats sowie einige Millionenbeträge aus der privaten Wirtschaft beigesteuert worden.[42] Das ist mit gut 30 Millionen DM eine enorme Aufwendung, wobei hier unmittelbar die Frage des Bundes der Steuerzahler entstehen muß, warum diese Leistungen nicht durch private Dienstleister erbracht werden konnte, die bereits heute am Markt agieren.

Nationale und länderspezifische Portale wie www.baynet.de wurden im Spätsommer 2000 eingrichtet. Dieser »virtuelle Marktplatz Bayern« http://www.baynet.de, der in Kooperation mit Siemens und SAP entstand, enthält das ›Lebenslagenprinzip‹ und einen »Behördenwegweiser«, zum anderen werden Unternehmensangebote im ›cross-selling‹ vermittelt.

---

40 Vgl. Kubicek 2000.

41 Zu Hamburg (Welzel 2000; Lorenz-Meyer 2000), zu Berlin (Schmundt 2000a), zu Münster (Kunze 2000, Welzel 2000), zu Düsseldorf (Koerner 2000), zu Mannheim (Welzel 2000), zu Bremen (Welzel 2000), Beelitz (Welzel 2000), Nordhorn (Schmundt 2000b), Passau (Schmundt 2000b), Esslingen (Paschen 2000) und der Städteverbund Nürnberg (Paschen 2000) (Stand: 5. 12. 2000), zu Hagen vgl. S. 15.

42 Buschmann 2000, S. 11.

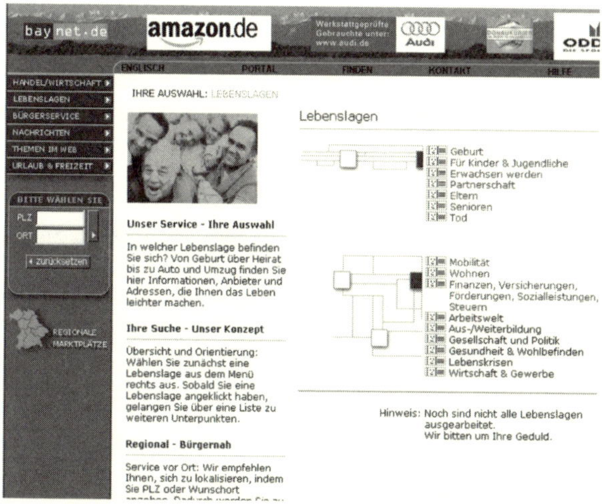

Quelle: URL http://www.baynet.de

Ab Anfang 2001 sollen gemäß einer Presseerklärung der Bundesregierung vom 12. August 2000 sämtliche öffentlichen Verwaltungen unter einer gemeinsamen Internet-Adresse erreichbar sein. Analog dem amerikanischen Vorbild URL http://*www.AccessAmerica.gov* und www.FirstGov.gov von Al Gore soll nun unter URL http://*www.deutschland.de* der zentrale Zugriff auf Informationen und Formulare von Bund, Ländern und Gemeinden sein. Der suchende Bürger muß demzufolge sein bestimmtes Thema eingeben und wird dann automatisch an die zuständigen Stellen geleitet, die seine Online-Anfrage wie beispielsweise eine Anmeldung eines Hundes oder den Termin beim Standesamt bearbeiten.[43]

Bürger*nähe* der Verwaltungen ist eine Phantasie von gestern: Man erwartet von einem professionalisierten Staat mit Behörden alternative Angebote und nicht länger »Gleichstellungsleistung«. Je nach Herkunft, Personenstand, Alter, Familien-Situation etc.

---

43 Vgl. für die Niederlande URL http://www.overheid.nl (vgl. Memorandum 2000).

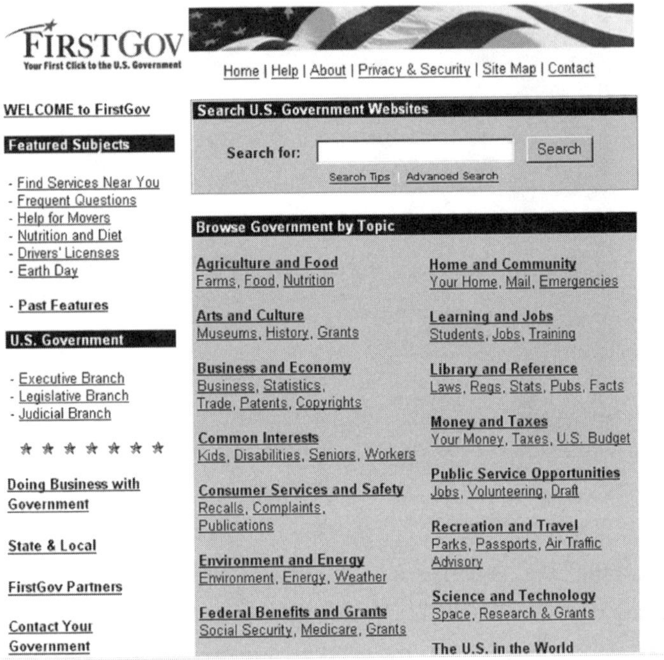

Quelle: URL http://www.firstgov.gov

werden die Dienstleistungen des Staates *mass-customized*, d.h. sie differieren als person- und problembezogene Lösungen ohne allgemeine Standards, aber auf der Basis einer Massenproduktion. Man erwartet vor allem auch schnelle Bearbeitung: In einer Analyse von 81 Regierungsseiten in den USA hat das Marktforschungsinstitut Jupiter nur eine sehr schwach ausgeprägte Kundenorientierung konstatiert. Nur 48 Prozent der Emails wurden beantwortet – gerade 12 Prozent innerhalb eines Tages.[44] In einem Test von Mummert + Partner kam nur bei jeder zweiten Mail eine Antwort

44 Vgl. Dodd et al. 2000. Auch Kubicek stellt in Deutschland lange Antwortzeiten fest: Durchschnittlich dauerten sie länger als eine Woche (Kubicek 2000, S. 2).

innerhalb einer Woche zurück, auf jede vierte wurde gar nicht reagiert. Ein weiterer Aspekt der Integration von kommunalen und privatwirtschaftlichen Dienstleistungen ist die Ausrichtung nach dem Lebenslagenprinzip. Die Kommunen betreuen einen Bürger als Kunden im Vergleich zu den normalen Unternehmen ein Leben lang, von der Geburt bis zum Tod. Jeder Mensch braucht Informationen, kommunale Dienste und private Dienstleistungen und Produkte je nach Lebenslage wie Geburt, Heirat, Autokauf, Geschäftsgründung oder Umzug. Hier haben Kommunen eine enorme Chance, durch die Integration von Leistungen eine umfassende Lösung zu ermöglichen: Eine digitale Anmeldung beim Standesamt, kombiniert mit der Reservierung für die Hochzeitskutsche, Cateringangebot für die Bewirtung, Buchung der Flitterwochen sowie die Bestellung von Trauringen ist ein solches Beispiel, das professionelle kommunale Dienstleistungen und Wirtschaftsförderung verbindet.

Ad (2): Im zweiten Fall des *prosumings* hingegen können wir ein *citizen empowerment* beobachten. Es geht dabei um die Anreize für eine wiedererstarkende Bürgerbeteiligung am politischen Geschehen. Es geht um das Wissen und die Meinung vor allem der Nichtwähler. Es geht um dieses spezifische Nichtwissen des Staates, das – wie historisch belegt – eben auch durch Interessenverbände nicht offengelegt oder eingebunden werden kann. Noch ist keinem klar, welche Konsequenzen diese bereits angesprochene Wiedereinführung des Politischen in die Politik für und gegen die bisherige politische Praxis eines liberalen Demokratieverständnisses haben könnte. Die wertende Frage, ob diese Konsequenzen »gut« oder »schlecht« sein werden, führte bislang zu ebenso euphorischen wie apokalyptischen Vorstellungen. Das ›Ende der Öffentlichkeit‹, ein ›elektronischer Populismus‹, die ›Erosion staatlicher Souveränität‹ sowie eine ›Schwächung des Repräsentationsprinzips‹ wurden zu klassischen Gegenargumenten, die der Euphorie Einhalt gebieten wollten.[45] Es wurde eine »Zerfaserung des öffentliches Raumes in unverbundene Teilöffentlichkeiten« ebenso wie ein »Repräsentationsverlust politischer Eliten in Netzwerkstrukturen« sowie die »Entgrenzung der verfaßten Form der politischen Gemeinschaft (des Nationalstaates)« einhergehend mit einem Autoritäts- und Kontrollverlust im Verhältnis zur globalen Ökonomie erwartet.[46]

Vermutlich können wir dennoch davon ausgehen, daß das Internet weder ein »neues Zeitalter der Basisdemokratie« anbrechen läßt noch daß an ihm die repräsentative Demokratie zugrunde gehen wird.[47] Diese realistische Einschätzung beruht im wesentlichen darauf, daß die technischen Möglichkeiten sowie die Ernsthaftigkeit der Bemühungen des politischen Systems überschätzt und der ehrliche Wille zur Partizipation unterschätzt wurden: »Große Hoffnungen auf einen qualitativen Sprung von der Zuschauer- in die Beteiligungsdemokratie waren übertrieben; oft wurden sie auch geweckt, um das fortbestehende Oligopol der traditionellen Top-Agenturen der Meinungs- und Willensbildung zu kaschieren.«[48] Auch der Hamburger Politikwissenschaftler Hans Kleinsteuber kommt zu einer eher gelassenen Analyse: »In Deutschland hatten wir im Bereich der Demokratiestärkung durch elektronische Medien schon immer eine unglückliche Hand.«[49] Die Experimente in den siebziger und achtziger Jahren mit der sogenannten »Kabeldemokratie« waren technisch so kompliziert, daß ein Erfolg ausbleiben mußte.

Worin liegt aber die immer wiederkehrende Kraft des Gedan-

---

45 Vgl. z. T. Schmalz-Bruns 2000.

46 Vgl. zu einer ersten differenzierten Auseinandersetzung Leggewie 1998, auch Schmalz-Bruns 2000.

47 Vgl. Schmalz-Bruns 2000.

48 Leggewie 1998.

49 Zitiert in Krempl 1998.

kens von der *political directness*? Ein aktueller Grund kann in der Paradoxie der Glokalisierung, die durch die scheinbare Erosion des Nationalstaates ausgelöst wurde, gesehen werden: Je mehr die Globalisierung voranschreitet, desto wichtiger wird eine Lokalisierung der Politik auf der Inhaltsebene *(Glokalisierung)*. Die erdrückende Größe der Systeme wird dieses Bedürfnis nach Lokalisierung in den nächsten Jahren nachhaltig verstärken. Es geht dabei also weniger um plebiszitäre Konzepte als um konkrete Bürgerentscheidungen und Bürgerberatungen am Ort der Politik.[50]

Aber nicht mehr die kontingente, instabile Selbstorganisation der Bürger (›Bürgerbewegungen‹)[51], auch nicht das neue Staatsrentnertum (wie in Ulrich Becks Tätigkeitsgesellschaft der »Bürgerarbeit«)[52], sondern die professionalisierte und wissensbasierte Erledigung der Staatsaufgaben als Dienstleistung am Bürger *vor Ort* taucht am Horizont auf. Der Grenznutzen eines Engagements von Bürgern vor Ort steigt gegenüber der marginalen Bedeutung im nationalen oder auch im globalen Kontext. Die Wirtschaft setzt

---

50 Vgl. Barber 1998, Slaton 1998, Fishkin 1998; Aikens 1999. Es geht hier vornehmlich um ein mehrstufiges, iteratives Verfahrensdesign, das Agenda-Setting, Information und Konsensbildung umfaßt, in dem der Medientechnik nur eine dienende, unterstützende Rolle zuwächst. Die Bürger sollen nicht lediglich private Stellungnahmen abgeben, sondern zu interaktiven Formen der Meinungsbildung angeregt werden (Schmalz-Bruns 2000, S. 31).

51 Die klassische Institution ›Bürgerbewegung‹ ist eine gewöhnlich bewegende, d.h. vor allem flüchtige Netzwerk-Erscheinung, deren Idealismusressource schnell verbraucht ist. Bürger*bewegungen* sind hier verstanden als faktische Oppositionen informeller Art, d.h. demokratische Mobilien. Was sie als Bewegung wert sind, können sie als Organisation nicht leisten; ihre Strukturierung ist ihr Stillstand als Bewegung (so wie den Grünen vielfach zugeschrieben wird, daß sie als Partei ihre Bewegung langsam aufgaben). Vgl. auch Calabrese 1999.

52 Beck 1999.

bereits heute hohe Service-Standards, denen sich der Staat anpassen muß, weil die Bürger positive Modelle vorgelebt bekommen, die sie als Maßstab für alle Güter ansetzen.

Politik und Verwaltung können nicht darauf hoffen, ihre gewohnten Strategien reibungslos fortsetzen zu können, wenn sich allgemein die Dienstleistungsqualität in Wirtschaft und Gesellschaft erhöht. Die Gesellschaft bildet selbst Muster aus, an denen sich der Staat und seine Verwaltungsorgane orientieren müssen. Die Bürger werden es sich mittelfristig nicht mehr bieten lassen, vom Staat, den sie ja selbst finanzieren, schlechter bedient zu werden als von der Wirtschaft. Die neuen Konsumtionserwartungen werden auf den Staat übertragen.

Mit dieser gesteigerten Anspruchshaltung wollen die Bürger nicht nur durch Wahlen die Parteien mit der Regierung beauftragen, sondern auch deren Politik überprüfen und gegebenenfalls eine neue Regierung bestimmen. Als ›Auftraggeber‹ warten sie nicht bis zur nächsten Wahlperiode; sie wollen nicht nur phasenweise, sondern kontinuierliche Verbesserungsprozesse und ein Qualitätsmanagement, weil sie zugleich ›Kunden‹ ihres Staates sind. Sie fordern unmittelbare Lösungen, Reklamationen und Revisionen der Politik. Im Paradigma der *political directness* ist eine kommunikationstechnologisch unterstützte Zusammenarbeit und Kooperation keine technokratische Veranstaltung mehr, sondern eine Notwendigkeit aufgrund bestehender Veränderungen in den Ansprüchen der Bürger.

Die Aspekte der Lokalisierung der Politik und der neuen Ansprüche zusammengefaßt erzeugen ein weiteres Problem: Die Wahl von Parteien und deren Politikprogrammen ist, ökonomisch umformuliert, die Wahl eines Auftraggebers (Prinzipals) von Auftragspaketen, die durch in der Regel parteiengebundene Repräsentanten (Agenten) umgesetzt werden sollen, ohne jegliche Spezifität und Diversität. Deshalb benötigen die Bürger als Kunden ihres Staates eine zweite Regulationsebene, die greifbar, ›vor Ort‹, ist und lokal und spezifisch agiert.

David G. Post und David R. Johnson haben eine theoretische Konzeption dieses neuen governance-Prozesses vorgelegt – am Beispiel des Internet. Das traditionelle »Ideal einer rationalen Auseinandersetzung zwischen *weisen* gewählten Repräsentativen, die nur das *allgemeine Wohl* (the public good) im Auge haben, soll ersetzt werden durch eine neue Architektur des Regierens, die es zerstreuten und komplexen Interaktionen zwischen Gruppen von Individuen erlaubt, einseitige Aktionen zu unternehmen und mehr lokale Güter und Lösungen anzustreben. Anstatt zu versuchen, sich auf die womöglich sogar beste unserer demokratischen Traditionen zu verlassen, indem man einen einzigen Wurf von Gesetzen auf das Netz *von oben nach unten* (from the top down) durchsetzt, würden wir besser fahren, wenn wir uns vielfältige und zufriedenstellende Regeln gestatten würden, in unterschiedlichen Bereichen des Netzes, die sich gegenseitig anziehen und abstoßen (um mögliche Teilnehmer anzuziehen oder herauszudrängen) – mit dem Ergebnis einer optimalen allgemein gültigen Kombination von Regeln.«[53]

Das Modell beschreibt die neue Form der Politik als *Politikdiversifikation*, die ihre kommunikative Struktur im Internet hat, aber die *rulesets* lokal verteilt sich entwickeln läßt. Post und Johnson simulieren die eDemocracy nicht als IT-unterstütztes Verfahren zur Verbesserung der vorhandenen Formen der Demokratie, sondern stellen die Politik ganz auf Netzbetrieb um, innerhalb dessen die Bürger in thematischen, meist lokalen *net*-communities evolutive Politikmuster (inklusive Gesetze und Verordnungen) generieren, die – das ist Post/Johnsons neue Politikversion – wechselwirkend zu generellen Politik- und Regelmustern zusammenwach-

53 Post/Johnson 1997 (abstract).

sen. Natürlich ist das eine idealtypische Konzeption, die aber die Relation Netzwerk und Selbststeuerung als komplexes Interaktionsgebilde thematisiert, allerdings über die Steuerungsgröße ›Bürgertugend‹ konfirmiert, die als stabile innere Ordnung den Wegfall des großen Staates als äußere Ordnung kompensieren soll.

Die vielfach angekündigte Bürger- oder Zivilgesellschaft könnte sich in einer *eDemocracy* so konkret als – multipel verteiltes – *lokales Politikportal der Bürger* darstellen. Das Internet, zunächst nur eine Technologie, wird zur Infrastruktur der *eCommunities for Communities* – der elektronischen Gemeinschaften von Kommunen, in der die erodierte Glaubwürdigkeit durch ein Partizipationsmoment zurückgewonnen werden könnte.[54] Die politischen Meinungsumfragen sind allein in den neunziger Jahren um 4000 Prozent gestiegen, die Umsetzung der Ergebnisse ist hingegen weiter gesunken. Diese *eCommunities* könnten dieser Vorstellung zufolge in »direkter Abstimmung« zu allen lokalen Angelegenheiten entscheiden – vom Ausbau des Kindergartens über die Frequenz der Mülltonnenleerung und die Umgehungsstraße bis hin zur Vorbereitung von Entscheidungen ihrer Repräsentanten in Länder- und Bundesgremien. Wenn wir den Gurus der Internet-Kommunen John Hagel und Arthur G. Armstrong glauben dürfen, dann sollten die öffentlichen Institutionen diese Community-Portale nicht selbst betreiben[55] – ein Feld für neue Dienstleistungen an der Schnittstelle Wirtschaft und Staat[56] und Neue Intermediäre, wie z. B. *politics.ch*, das Projekt eines Zürcher Medienkonzerns, oder auch das auf dem attischen Demokratieverständnis basierende Perikles Network von griechischen Wissenschaftlern, die ein sicheres technisches Werkzeug für elektronische Bürger-

54 Vgl. Leib 1998; von Korff 1998 und Jarren 1998.
55 Vgl. Hagel / Armstrong 1997.
56 Vgl. Eimicke 2000.

entscheide entwickeln. *eVote.com, aVote.com, microVote.com* oder *eBallot.net* sind private Anbieter für Internetwahlen, für Regierungen wie für Verbände und Organisationen vor allem in den USA.[57]

In den USA haben sich bereits erste Unternehmen wie *vote.com* gegründet, die die entsprechende Inhaltsebene (lokale Inhalte) aufbereiten und internetgerecht gestalten.

In dieser Sprache zusammengefaßt: Diese lokalen *eCommunities* könnten auf der Ebene der Wertschöpfungsoptimierung durch Rekonfiguration der Aufgabenteilung zwischen Bürger und Verwaltung sowie durch die *political directness* das Potential haben, das für das eGovernment essentielle *prosumerism* zu realisieren.

Trend 2: POLICY NETWORKS
New Governance = Co-opetition = eGora

»Der Staat sagt immer: L'état c'est moi.« So kennen wir es. Aber: Der Staat stellt sich selbst in Frage. Unter dem Deckmantel »Modernisierung« wird durch die profilierenden Parteien gegen seine wichtigste Tradition gesteuert: seine Steuerungsform *(governance)*. Wie bereits bei den Moden angeführt, können wir derzeit in Deutschland eine Diskussion des *aktivierenden Staates* beobachten – eine vornehme und geschickt harmlos formulierte Variante der Passivität. Aktivierender Staat bedeutet nach der Vorstellung der derzeitigen Regierung, »die Selbstregulierungspotentiale der Gesellschaft zu fördern und ihnen den notwendigen Freiraum zu schaffen«. Dem liegt die Einsicht zugrunde, »daß der Staat allein nicht mehr steuern könne« und sich so – nach der Einschätzung des Innenministers Otto Schily – »von der Rolle des Entscheiders und Produzenten auf die eines Moderators zurückziehen müsse«.[58]

57 Vgl. hierzu auch Heuser/Kantara/von Randow 2000.
58 Vgl. Schilys Positionen z.B. in Krempl 1999.

Diese Vision wurde 1999 bereits in 15 Leitprojekten konkretisiert, die sich auf vier zentrale Modernisierungsfelder –

1. Erneuerung der Verwaltung,
2. Motivationssteigerung bei den Beschäftigten,
3. Entwicklung eines neuen Selbstverständnisses des Staates sowie
4. Effizienzbestrebungen in der Rechtsordnung –

verteilen. In Berlin fand im Juni 2000 ein Gipfel der wichtigsten Staatsmänner zum Thema *Progressive Governance* statt. Der Staat wird von der Politik neu betrachtet und zu restrukturieren begonnen.

Wie kann diese Steuerung zur Selbststeuerung bzw. aus Selbststeuerung aussehen? Wie bei dem Aspekt des *prosumerism* bei den Bürgern lassen sich die Steuerungsfragen aus den Gesichtspunkten der Wertschöpfung (also Produktion) bei öffentlichen Güter einerseits und aus der wie auch immer fundierteren und weniger riskanten Entscheidungsfindung andererseits ableiten. Zusätzlich wird für bestimmte Themen eine neue Ebene der flexibleren internationalen Steuerung notwendig.

In unserer Demokratie wird die Produktion öffentlicher Güter mehr oder minder automatisch an den Staat delegiert; in einer Zivilgesellschaft kann der Auftrag an verschiedene Organisationen erteilt werden, z.B. auch an private Unternehmen, an die Bürger selbst (in zu gründenden Organisationen). Es entsteht ein Wettbewerb möglicher Realisatoren der Kollektivgüter. Die scheinbar klare Unterscheidung Staat oder Non-Profit-Organisationen auf der einen Seite und marktwirtschaftliche Organisationen auf der anderen Seite verschiebt sich in ein neues Feld der für Industrieunternehmen bereits bekannten *co-opetition*:[59] Kooperation und Wettbewerb werden auch in der Staatswirtschaft parallel laufen.

[59] Vgl. zu einer erweiterten Diskussion des *co-opetition* Jansen 2000a sowie die Beiträge in: Jansen/Schleissing 2000.

Damit ist der Staat als Organisation offen und kann einen Wettbewerb um seine eigenen staatlichen Dienstleistungen in Gang bringen – denen er seine Existenz verdankt. Die Invarianz der »Hausvaterregel« nach Adam Smith, wonach der Hausvater nur das selbst erledigen sollte, was kein anderer besser kann, gilt wohl auch beim *Vater* Staat. Das Modell der selbstorganisierten Tätigkeitsgesellschaft oder Bürgergesellschaft, in der neue Formen der Kooperation in gemeinnütziger und solidarischer Eigenarbeit des Bürgers entstehen, ist also mit der Zivilgesellschaft nicht zwingend verknüpft. Die Kritik, der Staat erledige seine Aufgaben schlecht, läßt allerdings nicht notwendig den Schluß zu, daß man sie selbst erledigen muß, sondern erst einmal nur, daß sie besser erledigt werden sollen. In der Ersetzung des Staates durch z.B. ehrenamtliche Aufgaben wären viele über die Qualität enttäuscht, die sie erbringen könnten. Die Devise muß hier lauten: »Rettet die Gesellschaft vor dem Ehrenamt«, es ist kein Ersatz für einen *professionellen Staat*.

Nichts spricht dagegen, die Aufgaben an die Bürger zu delegieren, wenn geeignete Organisations- und Kooperationsformen angeboten werden, die die Aufgabenerledigung stabilisieren. Ehrenamt als idealistischer Ausbeutungszusammenhang ist zunächst ein interessanter Anknüpfungspunkt, doch für stabile Kooperationsformen haben wir in diesem Bereich nur wenige viable Modelle und wenige Ressourcen. Das heißt nicht, daß es nicht sinnvoll wäre, die Kooperationsressourcen zu bilden, zu fördern und zu entwickeln. Allerdings können wir nicht davon ausgehen, daß die staatsleistungsgewöhnten Bürger schnell und mit leichter Hand in der Lage sind, die organisatorische Kompetenz auszubilden, deren Fehlen sie beim Staat gerade kritisieren. Das Feld der *co-opetition* wird sich aber vor allem durch die neuen Steuerungsformen in einer vernetzten Zusammenarbeit von Wirtschaft und Politik bei der Erstellung von öffentlichen Gütern ergeben. Denn marktwirtschaftliche Wirtschaftsorganisationen – immer noch stabiler als Bürgerorganisationen – werden als Wettbewerber um diese Leistungen zu Kooperationspartner des Staates. In einem durch Kosten *und* Gemeinwohlvorstellungen bestimmten Aushandlungsprozeß zwischen Staat, möglicherweise bestehenden Parafiski als intermediäre Organistionen und interessierten Unternehmen wird die Wertschöpfungskette neu konfiguriert. Die Unternehmen sind auf das Wissen und die Kooperation mit dem Staat nach wie vor angewiesen, dennoch kommt das Moment einer effizienten Wettbewerbsorientierung ins Spiel. Diese Steuerungsform verlangt aufgrund der Komplexität eine hohe Kompetenz von beiden Seiten – bei den wirtschaftlichen und den politischen Unternehmern. In einem radikalen Verständnis des *eGovernment* müßten Bürger und Wirtschaftsorganisationen öffentlich einen erneuten Aushandlungsprozeß fordern können, so daß auch der Status quo zu erwägen wäre.

(2) *Das* Machtmonopol Staat ist ohnmächtig. So scheint es, wenn wir die aktuellen Rhetoriken der moderaten Steuerungsansprüche hören. Die Einsicht, daß in einer ausdifferenzierten und komplexeren Gesellschaft mangelhaft wissensbasierte Interventionen unintendierte Konsequenzen für die Interventionsempfänger haben, die wahlentscheidend werden können, macht zumindest die Rhetorik leichter.

Seit Jahren wird mit korporatistischen Verhandlungssystemen, Konzertierten Aktionen und ähnlichen Steuerungsformen experimentiert[60], ohne das Problem zu umgehen, daß es entgegen einer individualistischen Gesellschaftskonzeption nahezu ausschließlich organisicrte Gruppen sind, die als politische Akteure (Repräsentanten) auftreten. Dies wurde seit langem deutlich, aber aufgrund

[60] Vgl. beispielsweise für die einflußreiche Arbeiten zum Neokorporatismus und den Einfluß auf Demokratietheorien Schmitter 1983.

der Alternativlosigkeit defensiv als »Herrschaft der Verbände« oder als »Demokratie der Interessenhaufen« bezeichnet.[61]

In Reaktion darauf haben die Kölner Wissenschaftler am Max-Planck-Institut für Gesellschaftsforschung Anfang der neunziger Jahre den Ansatz der *policy networks* ausgearbeitet.[62] In diesen Netzwerken werden zwischen potentiellen Interventionsempfängern als traditionell konkurrierende oder indifferente Akteure Prozesse der Abstimmung und Koordination geschaffen. Diese Verhandlungsnetzwerke sind ein Zeichen für einen – in alter Terminologie – »schwachen Staat« mit hoher Sensibilität für die erhöhte Komplexität politischer Steuerung. In diesen *policy networks* geht es nach Meinung des Kölner Politologen Fritz Scharpf einerseits um die wechselseitige Kontrolle der Chaotisierungspotentiale (negative Koordination) und andererseits um abgestimmte Strategien zur Schaffung eines gemeinsamen Mehrwerts von staatlichen und nicht staatlichen Akteuren (positive Koordination).[63]

eGovernment ist keine Fortführung der alten Regierungsformen mit elektronischen Mitteln, sondern eine Änderung der *governance structure* der Politik, die mit den Namen ›Verhandlungssystem‹ und ›Netzwerk‹ synonym beschrieben werden kann.[64] Wir hatten oben bereits – in den Darlegungen der Staatstypen von March und Olson – den ›corporate bargaining state‹ mit Netzwerkstrukturen verknüpft.[65] »Als spezifische Interaktionsformen erlauben Verhandlungen sowohl das Abwägen konfligierender als auch die Formulierung gemeinsamer Ziele, die durch Kommunikation – in Hirshmans Terminus: *Voice* – aber auch durch die Drohung mit

[61] Vgl. zu dieser Diskussion Schuppert 1989.
[62] Vgl. z.B. Mayntz 1993; Scharpf 1993; Beiträge in Kenis/Schneider 1996.
[63] Scharpf 1993.
[64] Weiß 2000, S. 80.
[65] Vgl. Budäus 1998a.

einem *Exit* realisiert werden könnten. Die Möglichkeit wechselnder Koalitionen in Netzwerken macht diese gleichzeitig flexibler als Organisationen. Insofern Netzwerke daher theoretisch einerseits auf externe Anforderungen flexibel reagieren können, in ihren Reaktionen aber andererseits für externe Beobachter oftmals berechenbarer sind, läßt sich ein erhebliches Steuerungspotential und eine Steuerbarkeit von Netzwerken ausmachen: Sie können sowohl Steuerungsakteur als auch Steuerungsobjekt sein.«[66] Ob die Berechenbarkeitsanmutung stimmt, sei dahingestellt, aber die Parallelität, als Bürger Steuerungsakteur wie -objekt zu sein, muß nicht mehr als Paradoxie – Bürger als Souverän der Demokratie und gleichzeitig Untertan der Herrschaft von Politik und Bürokratie zu sein – ausgehalten werden.

Demokratie formiert sich als Netzwerk multilateral. Bürger wählen nicht nur, sondern kooperieren untereinander, mit der Politik und der Verwaltung in vielen Schauplätzen, die organisatorisch neue Formen ausbilden, vor allem neue Vernetzungsstrukturen. eGovernment und eDemocracy sind spezifische Ausprägungen innerhalb dieser Netzwerkstruktur Demokratie.

Das *eGovernment* kann durch die Unterstützung der Kommunikationstechnologien eine breitere Organisation von zeit- und raumübergreifenden Anspruchsgruppen eine neue Form der Politik hervorbringen: Zum einen kann die Wahrscheinlichkeit eines Organisationsgrades erhöht werden, weil die Suche nach potentiellen Mitgliedern der Anspruchsgruppen leichter wird. Diese Möglichkeit würde das Konzept gegen erneute Vorwürfe der einfachen Durchsetzung von Partikularinteressen schützen. Zum andern können durch die kommunalen und regierungsspezifischen Homepages Bürgerbeobachtungs- und -beteiligungsarenen geschaffen werden, auf denen eine Transparenz der Argumente produziert

66 Weiß 2000, S. 80, mit Bezug auf Mayntz 1993 und Mayntz 1990.

wird, die die politische Arena – den politischen Marktplatz der alten Athener – wieder attraktiv macht: eine Agora des *digital age*: die *eGora*.

Diese Form der Integration aller möglichen Anspruchsgruppen auf der *eGora* ist vermutlich auch die einzige Form der politischen Einflußnahme auf die vagabundierenden Netzwerkorganisationen in der Wirtschaft. Die Zivilgesellschaft setzt einerseits die Leistungserbringung wie andererseits auch die Entscheidungsfindung unter Konkurrenz, die nur durch eine nachhaltige Kooperation in einem *policy network* professionell zu erbringen ist, weil nur so die Wünsche und die möglichen Gefahren aufgezeigt werden und der Bürger vor unprofessionellen Eingriffen der Politik bewahrt wird. Diese digitalen *policy networks* schaffen Transparenz (neue Öffentlichkeit) und neue demokratische Politikanreize.[67] Die paradoxe Mischung von Selbststeuerung und Primat der Politik wird durch ein eGovernment realistisch.

Immer dort, wo Unklarheit über einen möglichen oder sinnvollen Öffentlichkeitsgrad eines vom Staat zu leistenden Guts besteht, kann das *eGovernment* seine *eDemocracy*-Dimension ausbreiten. Es geht hier nicht um eine formelle Extension demokratischer Wahlverfahren in die mikropolitische Ebene, sondern um tatsächliche Befragungen, Wissenserhebungen, Präferenzeruierungen, Planungsinterventionen.[68] ›Die Politik‹ trifft riskante Entscheidungen nicht selbst, sondern delegiert sie in solche *policy networks*, in denen die Interventionsempfänger, als Mitbestimmende aufgewertet, ihr Wissen mit dem Staat teilen, und das mit der Chance auf adäquate Interventionen. Die »alte Politikwelt erweist sich als überholt«, schreibt der niedersächsische Ministerpräsident, es gehe

---

67 Vgl. den Abschnitt ›Das Netzvolk‹ in: Leggewie/Maar 1998.
68 Vgl. Slaton 1998, Fishkin 1998.

um »stärkere Beteiligung der Menschen am laufenden politischen Planungsprozeß« (Gabriel 2000).

So entsteht eine neue Kooperationsform des *knowledge sharing*, die in der Form von Bürgerforen im kleinen, von Expertenrunden zum Übernahmegesetz von Unternehmen und Bündnissen für Arbeit etc. im großen längst vor der Durchsetzung des Internet eingeführt wurden. Das klassische Lobbying-Spiel wird nun mit anderer Währung gespielt. Denn auch die Mode des *auditing* [69] darf nicht darüber hinwegtäuschen, daß hier ›Clubgüter‹ generiert werden, also keine (reinen) öffentlichen Güter. Die Diversifikation der Problemlösungs- und auditing-Arenen bringt eine ungewohnte Flexibilität in den Politikprozeß, der auf Kosten der Gewährleistung von Allgemeinheit gehen kann. Die Politik muß Instanzen ausbilden, die diese rekursive Schleife im Auge behalten, d.h. interne Interventionssperren ausstellen, die ›die Politik‹ daran erinnern, daß sie auch als ›Staat‹ agiert, d.h. als gemeinwohlverpflichtete Institution, die tripartistisch agiert: die Interessen der Exkludierten mit vertretend.

Der Öffentlichkeitsgrad eines Guts ist nicht nur mit denen, die daran unmittelbar interessiert sind, zu klären, sondern auch mit denen, die nicht unmittelbar betroffen sind. Die Versammlung der unmittelbaren Interventionsempfänger ist eine exklusive Runde zur Erhöhung der Verbindlichkeit wirksamer Politik, aber die Anforderung, die gesamte Wertschöpfungskette des Staates im Auge zu behalten, ist vorrangig. Ansonsten würde ›die Politik‹ auf die Lösung von Arena-Problemen reduzieren, aber ihre Aufgabe, ›Staat‹ zu sein, verfehlen. Zwischen Allgemeinheitsanforderung und lokaler oder spezifischer Problemlösungsflexibilität oszilliert die Anforderung staatlicher *governance*-Kompetenz. Wie eingangs beschrieben, kann der schwache oder aktivierende Staat als Mode-

[69] Vgl. Power 1997.

rator zur Beschleunigung und zur ernsthaften Qualifizierung mit seiner eigenen Entscheidung drohen. Der potentielle Wechsel zwischen aktivierendem und aktivem Staat muß bei aller Bescheidenheit gegeben bleiben.

(3) Eine weitere Steuerungsanforderung wird durch die Globalisierung der Wirtschaft notwendig: flexible und temporäre Projektteams (auch Issue Resolution Teams), die nationen- und institutionenübergreifend das Geschwindigkeits- und Entwurzelungsmoment der Interventionsempfänger aufnehmen. Auch hier kann das internetbasierte eGovernment durch *virtuelle task forces* Unterstützung bei der Koordination leisten.

Fritz Scharpf hat den ›verhandelnden Staat‹ dazu in vier spezifische Modalitäten aufgeteilt:

a. Selbstregulierung,
b. bilaterale Verhandlungen,
c. trilaterale Konstellationen und
d. pluralistische Politiknetzwerke.[70]

Scharpf unterscheidet vier Verhandlungssystemmilieus mit von a bis d zunehmenden Kooperationsniveaus:

(a) bezeichnet Verhandlungen der Bürger untereinander,
(b) die gewöhnlichen Einzelverhandlungen organisierter Interessengruppen, die auf direkter Interessenvermittlung bzw. auf Lobbyarbeit beruhen,
(c) die tri- oder multipartistischen korporatistischen Arrangements der überparteilichen Interessenverbände und
(d) die Politiknetzwerke, die sich nur teilorganisiert und temporär ausbilden, oft auch als laterale Substruktur quer zu allen Interessenorganisationen, als informelle Kontaktnetze.

70 Scharpf 1993b, S. 36f.

Auch hier liegt der Übergang zum Internet auf der Hand – nicht nur als technische Basis, sondern als Potentialstruktur der jederzeit möglichen neuen Netzwerkbildung, unabhängig von den manifesten organisierten Interessen. Das Internet wird – wie die korrekte Übersetzung lautet – zum ›Zwischennetz‹ in den vorhandenen Politiknetzwerken und organisierten Interessenvertretungen. Es erlaubt, die Netzwerke in den Netzwerken ständig neu zu konfigurieren, in neue Kommunikations- und Koalitionszusammenhänge zu gehen.

Im eDemocracy- bzw. eGovernment-Kontext bilden die pluralistischen Politiknetzwerke eine neue politische Plattform, auf der potentiell neue Verhandlungssysteme entstehen (und wieder vergehen) können. Die Politik kann Themen anbieten, aber die Bürger – als *policy-net-communities* – bieten ebenfalls Themen an, die der Staat behandeln sollte. Hier entscheidet sich, ob die Bürger-*net-communities* mit dem Staat zusammenarbeiten oder das, was sie mit dem Staat verhandeln wollten, selbst erbringen.

Es wird deutlich, daß in der Netzwerkdimension ein neues Politikverständnis aktiver Bürgerschaft greift. Scharpfs Liste der zunehmend kooperationsintensiven Verhandlungssysteme bildet im Grunde einen *Kreis* – Selbstorganisation und Politiknetzwerke liegen nahe beieinander, und der Staat steht nicht mehr automatisch im Mittelpunkt der Politik.

Wir bewegen uns in eine Dimension *einer Politik ohne Zentrum*. Es geht dabei nicht um eine Abschaffung des Staates, sondern darum, daß der Staat ein Akteur unter anderen in der Politik wird, der nicht notwendig der zentrale Adressat von Politikanforderungen blcibt.

Der Staat ist zwar längst dabei, den Staatstyp zu wechseln, weil er seine Steuerungs- und Regulationsfunktion nicht mehr ohne Kooperation und Kommunikation mit den Adressaten seiner Politik gestalten kann, ohne Gefahr zu laufen, in seinen Politikintentionen unterlaufen oder umgangen zu werden, aber erst über die eGovernment-Konzeption, die überhaupt erst auf der Internetbasis entwickelt werden konnte, kann die Netzwerkkooperation ihre Fokussierung auf organisierte Interessenverbände aufheben. »Potentiell können diese Änderungen fundamentale Konsequenzen im politischen System durch eine Verschiebung des vorhandenen Gleichgewichtes von Ressourcen und Macht zwischen aufrührerischen Herausforderern und etablierten Organisationen haben. Hierarchische Kommunikationskanäle – für bürokratische Organisationen wie die Regierungen oder internationale Organisationen typisch – stellen sich als weniger effektive und zu langsame Mechanismen zur Informationstransmission heraus, verglichen mit den horizontalen Netzwerken, die von informellen Koalitionen alternative sozialer Bewegungen gebildet.«[71]

Erst das Internet erlaubt nicht-organisierte Interessen in die Kooperationen, Verhandlungen und Moderationen hineinzunehmen, eine Plattform der Staat/Bürger-Relation anzubieten, die jede Kommunikation – unabhängig von organisierten Formen der Politik – aufnehmen und in den kommunikativ-regulativen Prozeß einspeisen kann.

An diesem Punkt gehen eGovernment und eDemocracy eine Liaison ein. Wenn der Staat die Bürger stärker in die Entscheidungen hineinnehmen will, beginnt er das nicht, weil er neue Demokratieprinzipien einführen möchte, sondern um seine Steuerungskompetenz zu erhöhen. Es geht beim eGovernment nur marginal um elektronische Wahlverfahren (wie sie nach dem Desaster der amerikanischen Präsidentschaftwahlen – völlig angemessen für dieses Problem – anstelle der manuellen und mechanischen Verfahren erörtert werden), sondern darum, die internetbasierten Heranziehung der Bürger in Planungs- und, vor allem, kommunale

[71] Norris 2000, S. 16 (eigene Übersetzung).

Entscheidungsprozesse. Erst mit der Universalkommunikationsplattform Internet kann man ohne spezifische Kostenerhöhungen Befragungen und Wahlen an die Bürger herantragen, in kommunikative Interaktion gehen, so daß Wahl-, Beratungs-, Planungs- und Entscheidungsprozesse in neuen Formen ineinandergreifen.

»Das bedeutende demokratische Potential der digitalen Informations- und Kommunikationstechnologie liegt in der Forcierung organisatorischer Verknüpfungen und der Herausbildung von Netzwerkkapazitäten in der Zivilgesellschaft. Das rüttelt die Balance der wichtigen politischen Ressourcen wie Geld, Mitgliedschaften und bürokratische Organisationen, Wissen und technischen Kompetenzen durcheinander, schafft offenere und pluralistische Formen des Wettstreits zwischen Parteien, Interessengruppen, alternativen sozialen Bewegungen und unabhängigen Medien und weitet die Ressourcen für Informationsöffnung durch Regierungseinheiten, öffentliche Körperschaften und internationale Organisationen aus. Dieser Prozeß ändert die Möglichkeitsräume für die Institutionen der Zivilgesellschaft, insbesondere für unabhängige Herausforderer, indem Netzwerkverknüpfungen zwischen allen Beteiligten hergestellt werden können, mit der Folge, daß die Autorität der etablierten Institutionen herausgefordert und die Verbindungen mit anderen Aktivisten verstärkt werden.«[72]

Dadurch ist eine Flexibilität und Unkonventionalität der eingefahrenen Bürger/Staat-Beziehungen möglich, unabhängig zudem von klassischen Interaktionskanälen, offen für neue Akteure, die in den klassischen Verbänden und Parteien nicht vorkommen. Die klassischen Koalitionen werden auflösbar, die politischen Karten

[72] Norris 2000, S. 17.

neu gemischt, mit neuen Konfigurationen und ›unwahrscheinlichen Konstellationen‹.[73]

Trend 3: PROCUREMENT
zero gravity state = federal supply chain management

Der größte Markt der Zukunft ist der Staat.[74] Zunehmend einigen sich Unternehmensberater darauf, daß ihr zukünftiges Wachstum nicht mehr bei den klassischen Wirtschaftsorganisationen liegt. Bei Staatsquoten von 50 Prozent wird schnell klar, daß im Wettbewerb der Systeme eine Optimierung der staatlichen Wertschöpfungskette die beste Lösung für eine durch bereits alle Moden durchberatenen Unternehmenswelt darstellt. Auch die Politik realisiert, daß eine Wohlfahrtssteigerung durch die Optimierung der eigenen Aktivitäten zur Wohlfahrtssteigerung zu erzielen ist.

Veranschaulichen wir uns das Volumen der Beschaffung der öffentlichen Hand, dann wird schnell offenbar, daß wir es hier mit einer bisher unbegreiflicherweise stark vernachlässigten Komponente des eGovernments zu tun haben, wo allein im europäischen Kontext EU-weite Ausschreibungen im Wert von einer Billion Euro erfolgen.

Die Mode der achtziger und der neunziger Jahre hieß noch unkompliziert *Outsourcing*, die Verlagerung von spezifischen Wertschöpfungsprozessen auf kompetente Zuliefererorganisationen, die durch *economies of scale* entsprechend attraktivere Preise als die internen Verrechnungspreise anbieten konnten. Ende der neunziger Jahre rückte das Konzept der virtuellen Organisation ins Zentrum. Der Chiphersteller Intel radikalisierte diesen Anspruch seiner Auslagerung mit ihrer »zero gravity enterprise« – einer Unternehmung ohne jegliche Schwerkraft durch eigene Produk-

[73] Der Finanzwissenschaftler Gunther Engelhardt entwickelt hierzu eine Konzeption ›symbiotischer Arrangements‹ (Engelhardt 1995).

[74] Der traditionell immer noch als *non-market* verstanden wird.

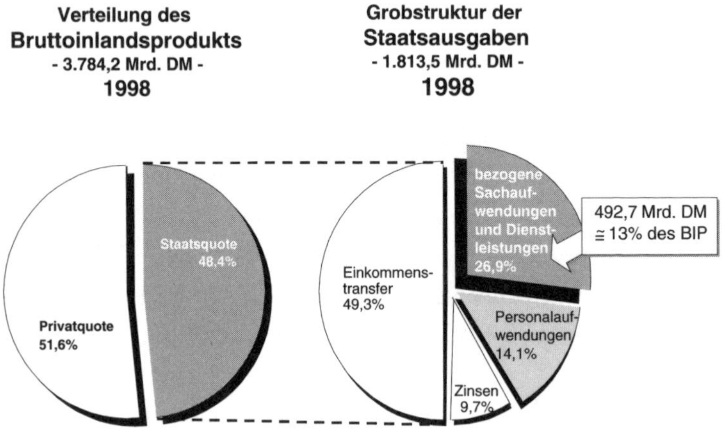

Quelle: Übersicht nach Booz.Allen & Hamilton 2000, basierend auf Angaben des Statistischen Bundesamtes

tion. Die Aufgabe von Herstellern wandelt sich von der Produktion von Gütern zur Kommunikation mit Wertschöpfungsnetzwerkpartnern.[75] Nun wäre die Überlegung, daß auch der Staat seine Wertschöpfungskette noch stärker daraufhin überprüft, was er noch produzieren will und was er durch Kommunikation in einem Netzwerk koordinieren will. Jane Smith Patterson, Mitarbeiterin bei der Regierung von North Carolina, bringt es auf den Punkt: »Zukünftig werden einige Regierungen entscheiden, aus bestimmten Operationen herauszugehen, vor allem durch Outsourcing ihrer Nebenaufgaben – alles, von der Steuererhebung bis hin zur Vergabe von Betriebsgenehmigungen. Das wird den Regierungen erlauben, sich auf ihre Hauptaufgaben zu konzentrieren.«[76]

Das *eGovernment* setzt an dem Ideal eines »zero gravity state« an, obwohl es ebenso wie bei Unternehmen hochriskant ist, sich der Faszination der vollständigen Desintegration zu verschreiben.

[75] Vgl. zu Virtuellen Unternehmen und den Anforderungen an ein Netzwerkmanagement Littmann/Jansen 2000.

[76] Interview in: Ryan 1999.

Dennoch schafft das Internet die Möglichkeiten einer virtuellen Reintegration der desintegrierten Wertschöpfungskette. Dieses »intelligente« Outsourcing bedeutet dabei nicht immer zwingend nur Privatisierung, weil die kommunikative Wertschöpfungssteuerung bei der Politik verbleibt. Es geht um ein *federal supply chain management*, das die gesamte Wertschöpfungskette vom Entstehen eines Bürgerbedürfnisses bis hin zu seiner Befriedigung vom Zulieferer bis hin zum Vertrieb auf die Schnittstellen hin optimiert. Das *eGovernment* bekommt nun eine ökonomische Dimension:

Die integrierte Wertschöpfungskette wird in ein kosteneffizientes und kompetenzgetriebenes virtuelles »Best-of-Everything-Netzwerk« mit den jeweils exzellentesten Kooperationspartnern im Staat, Forschung und Wirtschaft überführt. So können Ausgründungen von marktfähigen Leistungsangeboten des Staates zu marktadäquaten (und nicht länger subventionierten) Preisen erfolgen. Weiterhin werden in Zukunft auch verstärkte kommunale Outsourcing-Strategien zu beobachten sein. So sind in kommunalen Verbünden Amtszusammenlegungen und Auslagerungen von Prozessen außerhalb der Kernprozesse denkbar. In einigen Ansätzen ist die bereits erkennbar, so daß in Kreisverwaltungen durch Rahmenvereinbarungen Generalunternehmerschaften entstehen, die im hohen Maße kosteneffizient arbeiten. Bei einer weitreichenden Umsetzung der Konzeptionen »virtuelles Rathaus« – wenn anstelle der Bürger Bits zwischen den Ämtern rennen – wäre es beispielsweise uninteressant, ob sich in jeder Kommune – sei es Hagen oder Flensburg – beispielsweise eine KfZ-Zulassungsstelle vor Ort befindet.

Gerade bei der Beschaffung setzen die ersten konkreten Strategien des eGovernments an. Bill Clinton startete bereits mit einem Memorandum im Oktober 1993 mit seiner *electronic commerce*-Richtlinie für die Regierung. Im Sommer 1997 rief er die ›*digital government adoption*‹ ins Leben, fokussiert bei der GSA Advantage (der »Government Services Administrations«). Dabei geht es vornehmlich um kommerzielle Angebote, die bei den großen Abnahmemengen (in den USA allein im Jahr 1999 über 550 Mrd. Dollar Gesamtbeschaffungsbedarf) erhebliche Kosteneinsparungen der Verwaltungen gegenüber ihren Zulieferern generieren. Bis Herbst 2000 werden alle landesweiten Ausschreibungen für Beschaffungen der US-Regierung, die allein im Jahr 2001 rund 300 Mrd. Dollar umfassen werden und bisher über 30000 lokale Stellen vermittelt wurden, online zentral zur Verfügung gestellt.[77] Im Steuerjahr 2001 hat die GSA Advantage einen Umsatz von 125 Millionen Dollar mit einer Million verfügbaren Produkten und 2 300 Händlern erzielt – noch unbedeutend im Vergleich zum Gesamtetat der Behörde von 17,4 Mrd. Dollar, aber immerhin. Nur als Referenzgröße zu deutschen Steuergeldvernichtungsaktivitäten: Die GSA Advantage hat für ihre staatsweite Dienstleistung in ihrem Relaunch gerade mal 4 Millionen Dollar für die neue Technologie investiert – nicht gerade viel, wenn mittlere deutsche Kommunen gut das Vierfache davon ausgeben können. Neben den USA sind Kanada, Singapur oder England hier Vorreiter. Das UK Office of Government Commerce (OGC) hat sich im April 2000 eine ambitionierte Zielmarke gesetzt: 90 Prozent aller großen Routinebeschaffungen sollen bis Ende 2001 elektronisch getätigt werden. Diese Güter im Wert von ca. 13 Mrd. Pfund machen allerdings nur 2,4 Prozent des gesamten öffentlichen Beschaffungsvolumens aus.

Diese dritte Revolution des Internet wird ohne entsprechende Unterstützung aus der Regierung nur sehr mühsam auf deutsche Verhältnisse zu übertragen sein – obwohl der Bedarf hier weitaus größer ist. Über 500 Mrd. DM gaben Bund, Länder und Gemein-

[77] Dies wird unter der Adresse URL http://*www.firstGov.gov* erfolgen. Zudem sollen auf dieser Webseite alle 15000 bis 20000 dezentralen Adressen der Regierung zusammengefaßt werden.

den im Jahr 1999 für den Einkauf von Waren und Dienstleistungen aus, schätzt der Verband forum vergabe, der aus dem Bundesverband der Deutschen Industrie hervorgegangen ist. Allein die Einkaufseinsparungen werden bei einer internetbasierten Beschaffung auf ungefähr 27,4 Mrd. DM geschätzt. Für die USA und die EU werden diese Einsparungen auf 20 Prozent beziffert, was für Amerika rund 110 Mrd. Dollar und für Europa 144 Mrd. Euro bedeuten würde. Allein für Deutschland werden je nach Prognose Einsparungseffekte zwischen 25 und 75 Mrd. DM angenommen.[78]

Ein konkretes Beispiel für die bisherige Beschaffungspraxis: Allein das Innenministerium unter Otto Schily kauft für 670 Millionen DM ein und beschäftigt 220 Mitarbeiter für den Einkauf, deren Personalkosten von rund 20 Millionen DM für eine Vollkalkulation noch hinzugerechnet werden müßten.[79] Erste Bemühungen in diese Richtung wurden durch Gerhard Schröder angestoßen. Er hat ein Pilotprojekt »Digitales Beschaffungswesen« angeordnet – das mittlerweile 17. Leitprojekt seiner Initiative »Moderner Staat – moderne Verwaltung«. Nun hat das Bundesinnenministerium (BMI) vier Teilprojekte zum Electronic Procurement eingesetzt. Ähnlich wie im Bundesministerium für Verkehr, Bau- und Wohnungswesen und im Bundesamt für Wehrtechnik und Beschaffung setzt man nun Piloten auf, um das bisher ausgesprochen aufwendige und einem komplexen Vergaberecht unterliegenden Beschaffungsmanagement durch eine Digitalisierung der Prozesse zu optimieren.

Interessant in diesem Zusammenhang ist ein Blick auf Europa, das sich von einer Währungsunion in eine politische Union verwandeln will: 14 Prozent des Bruttoinlandsprodukts in Europa (ca.

[78] Vgl. Symonds 2000b.
[79] Vgl. Dunkel 2000.

eine Billion Euro) gaben die Europäer für öffentliche Ausschreibungen aus. Dennoch ist der politisch instruierte Binnenmarkt ausgerechnet bei der öffentlichen Beschaffung noch nicht angekommen. Der Anteil der grenzüberschreitenden Ausschreibungen beträgt EU-weit gerade einmal 10 Prozent. Nach geltendem EU-Recht müssen zwar alle Staatsaufträge mit einem Volumen von über 200000 Euro sowie Bauleistungen über 5 Millionen Euro nicht nur national, sondern europaweit ausgeschrieben werden, aber die Länder halten sich oft nicht daran und vergeben freihändig.[80] Diese Praxis beschäftigt nun auch die EU-Kommission, wobei insbesondere Deutschland im Fokus der Kritik steht. Mit gerade einmal 5 Prozent grenzüberschreitender Beschaffung an der Gesamtbeschaffung ist Deutschland Schlußlicht in Europa. Frankreich und England geben gut doppelt so viel außerhalb ihres Landes aus, und Irland deckt sogar nahezu ein Drittel des gesamten Bedarfs im Ausland.[81] Diese Entwicklung ist aus Kostengesichtspunkten bedauerlich, aus nationalstaatlichen Gesichtspunkten – insbesondere im Hinblick auf arbeitsmarktpolitische Beweggründe – durchaus nachvollziehbar. Staatliche Aufträge an die heimische Zuliefererindustrie wirken immer auch als Interventionen im Rahmen der Wirtschaftsförderung.

Das Modul des Electronic Public Procurement ist in den USA momentan für einige Internetauktionen und komplexere Ausschreibungsplattformen zwischen Kommunen und Privatwirt-

---

[80] Zu dieser erstaunlichen Erkenntnis kommt auch die Studie von Booz. Allen & Hamilton und vom Bundesverband für Materialwirtschaft, Einkauf und Logistik (BME), wonach 65% der Ausschreibungen freihändig vergeben werden. Eine freihändige Vergabe darf nur in begründeten Ausnahmefällen bzw. unterhalb bestimmter aus den Verdingungsordnungen (VOL, VOB, VOF) sich ergebener Schwellenwerte erfolgen. Möglicherweise ist ein Grund für diese Abweichung auch das wissenschaftlich nicht haltbare Untersuchungssample der Studie.

[81] Vgl. zu den Zahlen Dunkel 2000, S. 49.

schaft in der Erprobung: Zum einen gibt es spezialisierte Hard- und Software-Firmen wie *gtsi.com* und *TylerTechnologies.com*, zum anderen erste fokussierte Marktplatz-Anbieter für die internetbasierte Abwicklung von Informations-, Interaktions- und Transaktionsprozessen zwischen Bürger und Wirtschaft mit dem Staat wie *freeBid.com*, *FedCenter.com*, *ProcureNet.com*, *iGov.com*, *PlanetGov.com* oder *govWorks.com*. Aber auch staatliche Angebote für eine elektronische Beschaffung wie *Buyers.gov* oder der mittelstandsfokussierte Marktplatz *SmallBizMall.gov* bilden erste Anfänge aus einem im Jahr 2000 in den USA auftauchenden eGovernment-Markt. Neben den Zahlungen jeglicher Art (Steuern, Strafzettel, kommunale Rechnungen etc.) sind nun auch Ausschreibungen von öffentlichen Institutionen, Stellenausschreibungen, Beratungsdienstleistungen bis hin zu Gefängnisbuchungssystemen im Netz verfügbar. Bei FedCenter beispielsweise haben sie 19000 Einkäufer aus über 1100 Behörden registriert, um das Angebot von 12 Millionen Produkten von über 600 Händlern zu nutzen. Aber auch andere Dienstleister wie Beratungen und Banken tummeln sich in den USA im Markt. So hat beispielsweise die renommierte, in Deutschland aber nahezu unbekannte Beratungsgesellschaft American Management Systems (AMS) mit einem Umsatz von über 650 Millionen Dollar Umsatz mit der öffentlichen Hand eine finanzielle Beteiligung an govWorks.com und eine Kooperation mit der B2B Plattform Ariba durchgeführt. Ebenso ist die Bank of America mit dem National Information Consortium Commerce ein Joint Venture eingegangen.

In Deutschland steckt dieses Konzept noch in den Anfängen. Im Jahr 2000 wurden einige Unternehmen gegründet, die mit dem Thema der digitalen Beschaffung von öffentlichen Institutionen als Geschäftsmodell in sehr unterschiedlicher Weise experimentieren. Ein anvanciertes Modell ist aus der Universität Witten/Herdecke in Kooperation mit der Fraunhofer-Gesellschaft und der wegweiser

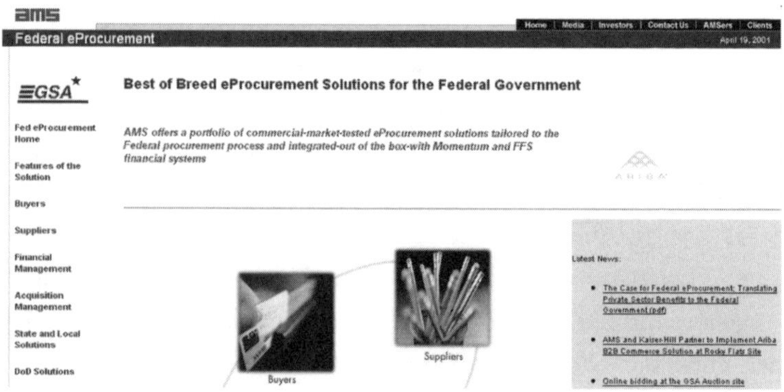

Quelle: URL http://www.ams.com

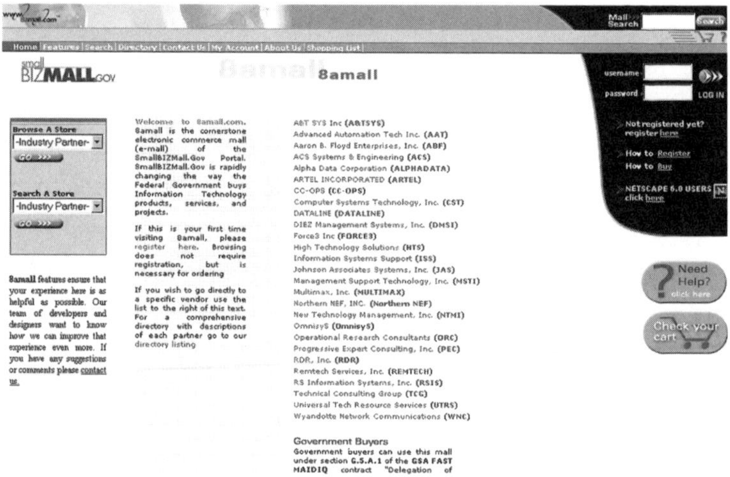

Quelle: URL http://www.smallBizMall.gov

Quelle: URL http://www.buyers.gov

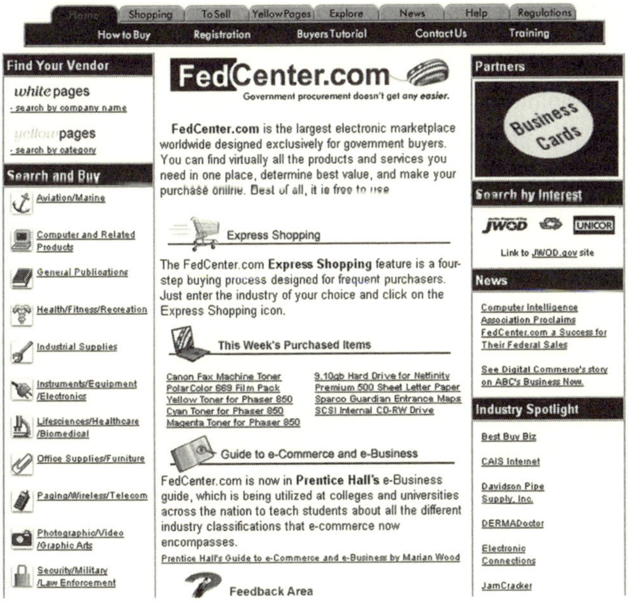

Quelle: URL http://www.FedCenter.com

GmbH entstanden: Die cosinex.com GmbH hat eine vergaberechtskonformen Kommunikations- und Handelsplattform für öffentliche Institutionen entwickelt, auf der alle Ausschreibungsarten digital abgewickelt werden können. Hier ist die vergaberechtskonforme Abwicklung vorrangig vor den technologischen Machbarkeiten im Netz. Die erste junge Firma hat innerhalb von wenigen Wochen bereits über 150 große öffentliche Auftraggeber als Kunden gewinnen können. Dies macht deutlich, daß Reformfreudigkeit bei konkreten Lösungen durchaus vorhanden ist. In Kooperation mit Partnern findet man bei cosinex.com zur Zeit zwölf vertikale Portale, in denen ein zielgruppenspezifisches Zusammenführen von Angebot und Nachfrage mit allen vergaberechtskonformen Internettechnologien von Downloads der Ausschreibungsunterlagen, Bieterwettbewerbe bei freihändigen Vergaben oder kartellrechtlich geprüfte Gemeinschaftseinkäufe erfolgen.

Die Einsparungseffekte sind dabei erstaunlich. Beispielsweise hat die Polizei in Baden-Württemberg durch die Möglichkeit, Uniformen im Internet zu bestellen, allein 5 Millionen DM Prozeß- und Personalkosten eingespart bei gleichzeitiger Halbierung der Lieferzeiten. Der Bund der Steuerzahler moniert seit längerem die hohen Prozeßkosten der Beschaffung, die nach Einschätzung aller Experten zwischen 10 bis 30 Prozent reduziert werden.[82] Auch das Bundesamt für Wehrtechnik und Beschaffung (BWB), Beschaffer der Bundeswehr und damit einer der größten öffentlichen Einkäufer, hat sich zu einer digitalen Vergabelösung entschieden. So werden ab März 2001 mit den beiden B2G Spezialisten *cosi nex.com* und *InterSource* sowie dem B2B-Marktplatz *Newtron* C-Teile über das Internet beschafft.

Derzeit ist noch unklar, wie sich der Markt für diese Beschaffungsoptimierung ausgestalten wird. Gewinner werden vor allem

82 Vgl. Symonds 2000b; von Schoeler 2000, S. 36.

Quelle: URL http://www.cosinex.com

die Anbieter von technologischen *Business to Government*-Lösungen sein: Die amerikanische Marktforschungsgesellschaft Gartner Group prognostiziert allein für diese Unternehmen einen Umsatz von 1,5 Mrd. Dollar für das Jahr 2001 und bereits 6,2 Mrd. Dollar für 2005.

Weiterhin wird es sich entscheiden, welche Betreiberformen sich bei den Marktplätzen etablieren. Im Rahmen von Förderprojekten entstehen einige öffentliche Angebote. Weiterhin steigen zunehmend private Anbieter in den Markt ein und entwickeln eigene Angebote. In der USA delegieren die Regierungen und Kommunen immer mehr Aufgaben der staatlichen Wertschöpfungskette an professionelle Internet-Intermediäre (intermediatisiertes B2G bzw. G2B). Dies hat unterschiedliche Gründe:

(1) *eCommerce*-Erfahrungen sind auf der Regierungsseite zu vernachlässigen. Gerade einmal 6 Prozent der 81 aktivsten amerikanischen Regierungsseiten haben eine Commerce-Applikation. Die eigenen Aktivitäten beschränken sich zur Zeit noch auf Recruitment (88 Prozent), Ausbildungsangebote für Kinder (75 Prozent), digitale Formularsätze (73 Prozent), Onlineakten (72 Prozent), Online-Steuererklärungen (38 Prozent). Nur 6 Prozent haben eine eigene Ausschreibungsmöglichkeit auf ihren Seiten.[83]

(2) Hohe Programmierungskosten für eine eigene Lösung. Wie die Beispiele der bremen online services gezeigt haben, ist die Programmierung einer eigenen Beschaffungstechnologie mit extrem hohen Kosten in Millionenhöhe versehen. Die Ausschreibung einer solchen Plattform für das unmittelbar fern von Bremen gelegene Hamburg zeigt die Absurdität: Für die Finanzbehörde und ihre gerade mal 700 abzuschließende Verträge im Jahr wird nun eine Plattform erstellt. Eine Zusam-

[83] Vgl. Dodd et al. 2000.

menarbeit mit einem Dienstleister würde den Steuerzahler ca. 35 000 DM kosten und keinen entsprechenden Millionenbetrag – von den Betreiberkosten einmal ganz abgesehen. Hier geht es – wie auch der Presseerklärung zu entnehmen – eher darum, »bundesweit zu den Pionieren« zu gehören und nicht kosteneffizient zu arbeiten.[84] Welche Parallelen zur ersten Internetgeneration, deren Vertretern wir heute in den dot.gone Rubriken nachlesen müssen!

(3) Schnelle Erfolge im eGovernment ohne eigenes Risiko. Beschaffungskosten werden auf diese Weise drastisch und ohne jegliches Risiko einer eigenen Investition gesenkt. Das wäre ein politisches Signal erster Güte: der Staat beginnt, sich effektiv zu reformieren. Er optimiert die Verwendung der Steuergelder. Im Rahmen der eGovernment-Strategie ist dies ein einfaches Modul, das sich unmittelbar trägt und erste Erfolge vorweisen kann. Damit werden die Mitarbeiter motiviert, den eingeschlagenen Weg weiterzugehen. Die Umstellung der betroffenen Mitarbeiter wird im Vergleich zum Konzept des digitalen Rathauses relativ gering gehalten, weil nur einzelne Prozesse betroffen sind.

(4) Zentralisierung und professionelles Betreiben der Plattformen. Bei einem Intermediär ist eine (internationale) Zentralisierung der Ausschreibungen möglich, die insbesondere für die Auftragnehmerunternehmen von Vorteil ist, weil sie nicht auf Dutzenden Seiten registriert und präsent sein müssen. Auf der anderen Seite zeigt sich aus den amerikanischen Erfahrungen, daß die öffentlichen Institutionen noch nicht in der Lage sind, neben der Technologieentwicklung ein adäquates Betreibermodell zu entwickeln. Auf der Seite *buyers.gov* ist der *content* auf den Seiten seit acht Monaten unverändert. Ein aktives Zusammen-

[84] Siehe Presseerklärung in CyBiz.de, 9. 3. 2001

führen von Aufträgen und Auftragnehmer kann aufgrund der geringen Kontaktbasen nicht hinreichend erfolgen etc.

(5) In Deutschland wurde durch PriceWaterhouseCoopers ein finanzieller Aufwand von 5 bis 7 Milliarden DM für die Realisierung der digitalen Verwaltung prognostiziert.[85] Dabei schlug Anfang Januar 2001 der Deutsche Städte- und Gemeindebund Alarm: 11 Mrd. DM fehlen den Kommunen allein in diesem Jahr durch Einnahmenausfälle. Damit wird deutlich, daß der Staat hier vor der Herausforderung steht, die Kosteneffizienz auch im Hinblick auf die Instrumente der Kostensenkung selbst zu realisieren. Die Frage nach der Effizienz der Effizienzsteigerungsmaßnahmen wird den Bund der Steuerzahler und auch die Bundesrechnungshöfe in den nächsten Jahren wohl besonders interessieren. Bei den Dienstleistern sind diese Investitionen schon getätigt und werden entsprechend kostengünstig unter Wettbewerb angeboten.

(6) Nicht zuletzt ermöglicht das intermediatisierte *eGovernment*, durch die geschaffene Transparenz illegitime oder halb-legitime Allianzen zwischen Unternehmen und Behörden weitgehend auszuschalten. Die von den Bürgern mit der mittlerweile selbstverständlichen Korruptionsunterstellung beobachteten Beschaffungspraktiken werden durch die Systematik verhindert, weil sie auf transparenten, also öffentlich zugänglichen Homepages eines Intermediärs laufend einsehbar sind. Zusätzlich können diese Anbieter auch die eingesparten Beschaffungskosten ausweisen und liefern somit einen Vertrauensbeweis in die Kompetenz der Steuergeldverwaltung online. Die entfallenden Schmier- und Lobbygelder (Korruptionskosten) der Auftragnehmer können als Preisnachlässe wohlfahrtsoptimierend eingesetzt werden. Die Transparenz des po-

[85] Bialek 2000, S. 9.

litischen Prozesses, wie sie in der CDU-Parteispendenaffäre zuletzt öffentlich und vehement eingeklagt wurde, kann über diese Dimension des *eGoverment* uneingeschränkt hergestellt werden. Politische oder administrative Oppositionen gegen diese Form des *eGovernment* sind hoch legitimationsbedürftig, weil sie unter dem Verdacht der Affirmation von Korruption und illegitimer Absprachen stehen.

Die durch dieses eGovernment eingesparten Gelder könnten in der radikalen Konsequenz zum einen in die budgetierten Ressorts zurückfließen, die sie erwirtschaftet haben, und – noch einen Schritt weiter – durch online Bürgerbefragungen *(eVoting)* direkt am Ort neu verwendet werden: Die Bürger wählen das Projekt, das sie für das dringlichste halten. Politik bekommt eine neue Öffentlichkeit und einen neuen Aufmerksamkeits- und Aktivitätsgrad. Kommunen geraten in eine öffentliche Konkurrenz um die ›best policy‹.

Trend 4: PUBLIC MEMORY
Öffentliches Gedächtnis = Politisches Knowledge Management

»Das Wissen der öffentlichen Institutionen ist eine wertvolle Ressource. Das Wichtigste an diesem Programm für den öffentlichen Sektor ist, es so gut wie möglich zu nutzen.« So beschreibt das Cabinet Office den Wert von Informationen in seinem Strategiepapier für öffentliche Dienstleistungen im Informationszeitalter im Rahmen seines »Information Age Government«.[86] Ein illustrativer Beleg für den Wert von Information kann mit der meistbesuchten lokalen Website von Boston gegeben werden: Die Seite des Mayor's Food Court führt alle Restaurantinspektionen vom Gesundheits- und Veterinäramt auf und wird gern vor dem abendlichen Restaurantbesuch regelmäßig aufgerufen.

[86] Cabinet Office 2000, S. 2.

Quelle: URL http://www.help.gv.at

Quelle: URL http://www.admifrance.gouv.fr bzw. http://www.service-public.fr

In einem Land, das es wissen muß, ist unter der URL http://www.help.gv.at ein landesweites Informations- und Verweissystem geschaffen worden. Der Anspruch Österreichs, nun die »modernste Verwaltung Europas« zu bekommen, macht den Wettbewerbsaspekt unter den europäischen Regierungen deutlich.

Auch in Frankreich ist neben der europaweit ambitioniertesten Plattform des Verteidigungsministeriums unter der http://www.ixarm.com inzwischen eine umfassende Bürgerinformation zu finden, die im wesentlichen auf juristischen Informationen basiert und rund 2000 Formulare zum Download bereithält.

Im Hinblick auf ein *eGovernment*, das – wie eingehend analysiert – zum großen Teil aus der Einsicht des Nichtwissens[87] bei Interventionen und der Wertschöpfungsoptimierung im Rahmen seiner Steuerungsversuche motiviert ist, wird ein öffentliches Gedächtnis und ein gesellschaftliches Wissensmanagement entscheidend.

Auch der verwaltungserfahrene Soziologe Niklas Luhmann hat in seinem posthum erschienenen Buch »Die Politik der Gesellschaft« dem »Gedächtnis der Politik« ein eigenes Kapitel gewidmet.[88] In einer behutsamen Übertragung der Gedächtnistheorien von neurobiologischen und psychischen Systemen auf soziale Systeme versucht er die Funktion des kollektiven Gedächtnisses im politischen System theoretisch zu erarbeiten. Er sieht als die beiden wesentlichen Komponenten des politisches Gedächtnisses »Werte« und »Interessen« an. Während Werte als übersubjektive Verbindlichkeit auch im Enttäuschungsfall Bestand haben, also im Gedächtnis wie eine moralische Instanz, wie ein Gewissen operieren, sind Interessen subjektiv faktische Gegebenheiten jedes einzelnen

[87] Dieses Nichtwissen muß noch wie folgt präzisiert werden: »It's a complaint often heard in law enforcement agencies nationwide: ›We don't know what we don't know.‹« Vgl. Newcombe 1999.

[88] Luhmann 2000, Kapitel 5, S. 170f.

Interessierten, deren Fortgeltung ebenfalls subjektiv ist. Das politische Gedächtnis operiert also an der Unterscheidung von Werten und Interessen und selektiert nach zu Vergessendem und zu Behaltendem. Allerdings gibt es ein klassisches Problem des Gedächtnisses: Es kann das Vergessen nicht erinnern! »Genau darauf reagiert das politische System mit der Unterscheidung von Werten und Interessen – von Werten, die das anmahnende Erinnern ermöglichen und durch Legitimität der Desiderate unterstützen, und von Interessen, die, wenn sie sich Gehör verschaffen können und politisch wichtig sind, die kommunikative Aktualisierung besorgen.«[89] Nun ist aber gerade die Politik dazu aufgerufen, die wertanmahnenden Erinnerer und die Interessenaktualisierer zum Diskurs zu ermuntern und hinsichtlich der politikeigenen Werte zu kontextualisieren.

Die Politik soll, neben der Bereitstellung von lokalen Inhalten sowie der Transparenz über die eigenen Aktivitäten auf den jeweiligen Homepages, die Informationen, die sie im Rahmen ihrer politischen Aktivitäten in *policy networks* sowie mit internationalen Partner macht, entsprechend öffentlich dokumentieren. Die Wissensbasis, also auch die Explikation der Interessenlage der Politik selbst, ist in der Politik wahlbedingt durch Fluktuation hochgradig fluide, so daß sie idealerweise von den Wissensträgern abzukoppeln wäre. Diese Forderung hat mehrere Implikationen:

(1) So wird Bürger- und Organisationswissen in einem kollektiven Gedächtnis einerseits für die Interventionsfolgeabschätzung eingesetzt, andererseits für die Erhöhung der Wissensbasis der Regierung für die Optimierung ihrer eigenen Operationen – wie beispielsweise Preisspielräume bei den Zulieferern etc. Bis heute gibt es nur in wenigen öffentlichen Verwaltungen entsprechende Controlling- und Wissensmanagementsysteme, so daß auch der eine oder andere Haushalt Makulatur ist.

[89] Luhmann 2000, S. 186.

(2) Für die Öffentlichkeit wird der Zugang zu politisch relevantem Wissen durch eGovernment erheblich verbessert. In Amerika wird dieser Teil des eGovernment auch als »Jefferson technologies« bezeichnet.[90] Während die staatlichen Seiten nach einer Analyse vom März 2000 nur in 27 Prozent der Fälle eine Suchmaschine zur Navigation einsetzten und deutliche inhaltliche Schwächen aufwiesen, entstehen private, zumeist noch wahlbezogene Angebote wie *election.com*, *voter.com*, *CandidateCompare.com*.[91] Die Weltbank hat 500 Vollzeit- und 300 Teilzeitbeschäftigte nur für das Wissensmanagement eingesetzt, weil der Wissenstransfer zu Entwicklungsländern »wichtiger ist als das Verleihen von Geld«.[92]

(3) Nicht zuletzt ermöglicht Wissensmanagement auch eine Professionalisierung der internen Abläufe innerhalb eines Amtes beziehungsweise auch ämterübergreifend durch entsprechende intranetbasierte Workflow Management-Systeme. England hat »The Knowledge Network« aufgesetzt, daß mit einer intranetbasierten gemeinsamen Wissensbasis Ressourcen für alle Call Center bereitstellt. Das Brevard County Sheriff's Department in Florida hat beispielsweise ein Knowledge Management-System eingerichtet, um Kriminalitätsdaten zu zentralisieren, die bisher aufwendig über Fax und Telefon zwischen den einzelnen Kommunen ausgetauscht wurden. In Utah wurde ein *IT Knowledge Warehouse* eingerichtet, das vor allem um den Wissenserhalt von fluktuationsbedingtem Wissensabfluß bei Regierungen und Kommunen bemüht ist.[93]

90 Vgl. Ryan 1999: »Thomas Jefferson hatte die Vision einer effektiveren Regierung durch besser informierte Bürger« (eigene Übersetzung).

91 Vgl. Dodd et al. 2000 und Symonds 2000a.

92 Zitiert nach Riley 1999.

93 »Die Regierung konkurriert mit dem privaten Sektor um qualifizierte Leute. In großen Scharen verlassen die Leute die Regierung. Wissensmanagement kann den Regierungen helfen, das, was sie bereits haben, zu entwickeln.« Vgl. Newcombe 1999 (eigene Übersetzung).

Westchester County im Staat New York will mit seinem Wissensmanagement die paradoxe Herausforderung der Kostensenkung mit einer Steigerung der Servicequalität angehen: »Unsere Regierung ist gefüllt mit Wissen. Wir haben einen 316jährigen Wert von Dokumenten, Daten und Tausenden von Mitarbeitern mit langjährigen Erfahrungen. Wenn wir das Wissen in die Hand jeder Person legen könnten, die es benötigt, dann könnten wir die Dienstleistungen schneller, akkurater und konsistenter erbringen.«[94]

Die Zielrichtungen des politischen Wissensmanagements sind vielfältig: So sind in einem umfassenden Verwaltungsinformationssystem u.a. Module wie ein öffentliches Management-Informationssystem (Führungs- und Gemeinderatsinformationssysteme mit Dokumentation der Finanzen, Produkte und Prozesse etc.), ein Rechtsinformationssystem (Online Angebote von Gesetzestexten wie beispielsweise das oben aufgeführte Angebot von www.admifrance.gv.fr) sowie ein Bürgerinformationssystem zu kombinieren.

Gesellschaftliches *knowledge management* kann auch Beratung der Politik durch die Bürger sein; d.h. die Nutzung ihres Wissens, ihrer Einschätzungen, nicht nur, um deren Präferenzen zu realisieren, sondern vor allem, um die Probleme der Vernetzung von unterschiedlichen Problemen zu erörtern und sie in eine konsistente Priorisierung zu bringen. Damit ist ein Teil der *Gedächtnisfunktion* angesprochen: Unbedarft eruierte Präferenzen sind unterkomplex, nicht auf dem Niveau der möglichen Vernetzung von Problemlagen. Die neuen Politikprozesse müssen die Interdependenz von Problemen/Problemlösungen offerieren. In diesem Sinne lernen die Bürger, ihre Probleme als Interessen so zu formulieren, daß sie vor dem Hintergrund der übersubjektiven Werte allgemeinverträglich werden. Ein solches öffentliches und kollektives Ge-

[94] Vgl. den County Executive Andrew Spano zitiert in Newcombe 1999.

dächtnis schützt vor der Präferenz für das Naheliegende, Kurzfristige und momentan Populäre. Damit schützt sich die Politik auch vor der Unprofessionalität der Bürgerentscheidungen.

Das politische Internet arbeitet wie ein großes gesellschaftliches Gedächtnis: komplex und transparent/intransparent zugleich. Politik wird nicht mehr allein wie bisher durch das gegenwartsheischende Medienmanagement fokussiert, sondern unabhängig davon, was ›die Politik‹ gerade aktualisiert (und vor allem, was sie parallel *nicht* aktualisiert), bietet das *eGovernment*-Portal eine neue Informationsfläche für *demokratisches Politikcontrolling*.

Bürger erinnern sich damit auch daran, was früher versprochen und jetzt nicht realisiert wurde. Das Internet wird zur großen Textur eines erst dadurch geltenden, von jedem einsehbaren gesellschaftlichen Gedächtnisses. Zeitungen werden weggeworfen, Internetdokumente bleiben, weil sie speicherbar und wieder in die eCommunities einspielbar sind. So können sich Spezialdienste entwickeln, die die Pfadentwicklungen der Politik visualisieren. Das politische Internet der *eDemocracy* wird zu einem Agens politischer Geschichten, für jede Politik, für jede Entscheidung und Nichtentscheidung. In politischen Angelegenheiten bekommt die Gesellschaft das Potential, eine *lernende Gesellschaft* zu werden, die ihre aktuellen politischen Kommunikationen an Zukunft wie Vergangenheit ankoppeln kann.

Informationen über die Regierung wie Informationen der Regierung bekommen neuen Wert. Die Wissensbasierung, die Erinnerbarkeit und damit die Auditierbarkeit der Politik sind die zentralen Herausforderungen, und weitere Forschungsbemühungen werden notwendig sein, zu prüfen, inwieweit die Politik tatsächlich als Moderator und weitergehend als Integrator verschiedener Wissensbasen der ausdifferenzierten Funktionssysteme der Gesellschaft agieren kann. Der Erfolg des *eGovernment*-Konzepts wird auch hieran gemessen werden müssen.

IV. Der Netzwerkstaat

Lösung der Probleme: Probleme der Lösung

Am Schluß dieser Ausführungen sollen einige durchaus kontroverse Thesen stehen, die alle bisher vorgetragenen Gedanken nochmals radikalisieren bzw. problematisieren. Dabei geht es weniger um konkrete Positionen als vielmehr um Gedankenexperimente. Die Diskussion ist auch in den USA noch in der theoretischen und praktischen Experimentierphase. Wir stehen derzeit alle am Beginn eines der nachhaltigsten Modernisierungsprogramme unserer Gesellschaft – ein in jeglicher Hinsicht aufregendes Projekt der Moderne.

These 1: eGovernment erzwingt neue Definitionen, Relationen und Legitimationen von Staat, Politik, Administrationen, Parteien und Bürgern.

eDemocracy ist eine Demokratie zweiter Ordnung: Die Bürger wählen nicht mehr nur ›die Politik‹, sondern aktivieren Politikarenen. Bürger können in die Politik von konkreten Entscheidungszusammenhängen intervenieren, in die Politikimplementierung sowie die Eingabe von Wissen und Reorganisation der Beziehung Bürger/Verwaltung. Man delegiert nicht mehr ›die Politik‹ an die Politik, sondern beoachtet sie über den ganzen Prozeß der politischen Wertschöpfungskette: von der Entscheidungsvorbereitung über die einzelnen Entscheidungen bis hin zur Implementation. Als Politik-Prosumenten sind die so aktivierten Bürger nicht nur an den politischen Entscheidungen interessiert, sondern vor allem an ihrer Entstehung und noch mehr an einer effektiven Umsetzung. Deswegen wird die Verwaltungsbeobachtung genauso bedeutsam wie die Politikbeobachtung: *Alle Prozesse werden transparenter und damit anfälliger für Bürgerintervention.*

Das ändert aber auch das Verhältnis der Politik zum Staat – was immer das noch ist. ›Die Politik‹ ist nicht ›der Staat‹, sondern sie nutzt ihn: ›Der Staat‹ ist nichts anderes als die Ressource ›Gewaltmonopol‹[1], die die Politik verwenden kann, allerdings immer mit erheblichen Legitimationsschwierigkeiten in einer Demokratie verbunden. Je transparenter die Politikprozesse im eGovernment-Modus werden, desto legitimationsbedürftiger ist der Einsatz des Staates durch die Politik. *eDemocracy* fördert die *De-Meritorisierung öffentlicher Güter*, damit auch nichts Geringeres als die *Entstaatlichung der Politik.*

Diese Entstaatlichung wiederum beeinflußt das Verhältnis von Politik und Verwaltung: Die Politik muß stärker darauf achten, daß die Verwaltung ›ihre Politik‹ umsetzt, und zwar bürgernah, merklich und professionell. Miriam Meckel spricht hier treffend von einer ›*e-quality*‹.[2] Die Verwaltung kann sich nicht darauf zurückziehen, daß sie eigentlich ›den Staat‹ repräsentiert (notfalls auch gegen ›die Politik‹, bis hin zur Verzögerung oder Nichtausführung). Daß wir, umgangssprachlich, Politik mit dem Staat vermischen, ist die eine Seite; auf der anderen Seite werden ebenso

---

1 So auch Luhmann in seinen Ausführungen zum Staatsverständnis im Bezug auf Dirk Baecker: »Die Rede vom Staat ist ihrerseits so üblich, daß sie ohne theoretische Ableitung auskommt. [...] Wir sehen, im Anschluß an die Staatslehre der Tradition, den Schlüssel für ein Verständnis des Staatsbegriffes im Begriff der Staatsgewalt, oder allgemeiner: in einer Theorie der Gewalt« (Luhmann 2000, S. 190 und 192). Möglicherweise ist aufgrund der Selbstbescheidung des Staates daher auch die Theorie des politischen Systems ungleich erfolgreicher verlaufen.

2 Meckel 2000.

Staat und Bürokratie vermischt. Hier zeigen sich noch die Nachwirkungen der Untertanensozialisation der Deutschen. Die Bürokratie, zuerst als Exekutive der absolutistischen Fürsten erfunden, damit strenges Ausführungsorgan hoheitlicher Willkür, wurde als Beamtenorganisation rechtszivilisiert, d. h. als willkürfreier Raum der Gesellschaft nur auf Recht und Gesetz verpflichtet. Insoweit repräsentiert sie den Staat: als Einhaltung der Gesetze und Verordnungen, notfalls gegen die Willkür der Politik. In diesem Sinne ist sie strukturell skeptisch gegenüber der Demokratie als Politikform, gegen deren Entscheidungsänderungen und -unsicherheiten sie die Kontinuität des Gesetzesgeltung hochhält. Für eine Demokratisierung der Demokratie, in der die Politik in die Politik zurückkehrt, muß die Bürokratie nicht nur schlanker oder bürgerfreundlicher werden, sondern politikadaptiver: Entstaatlichung der Bürokratie. Die Kurzformel lautet: »@ministration durch Entwaltung!«

eGovernment wird Formen der Kooperation zwischen Verwaltung und Bürger einführen bzw. reaktivieren, die das Wissen und die Kompetenz der Bürger besser nutzen. Als Verwaltung einer Demokratie wird sie die Form einer demokratischen Exekutive annehmen: politikadaptive Service-Einheiten. »Keine neuen Abteilungen sind nötig, sondern die Verknüpfung bestehender Kompetenzen innerhalb der Ministerien. Keine neuen Funktionsträger, sondern die Koordination durch einen unabhängigen Internetbeauftragten nach Vorbild des britischen ›e-Envoy‹.«[3] Die *progressive governance* formuliert dies unprätentiös: »Wir fühlen uns verpflichtet, daß die öffentlichen Dienstleistungen durch den Bedarf der Bürger gesteuert werden – für bessere Qualität, größere

[3] Meckel 2000.

Annehmlichkeit und stärker auf die individuell zugeschnittenen Angebote.«[4]

Doch laufen diese Veränderungsprozesse in Deutschland langsamer als in anderen Ländern. Nach dem Beschluß zur Einführung von eGovernment und *eVoting* im Kanton Solothurn (URL http://www.so.ch) soll ab 2010 ›Televoting‹ in der ganzen Schweiz möglich sein.[5] In England ist geplant, sämtliche Verwaltungsleistungen bis 2005 per Internet abrufbar anzubieten (das hat die deutsche Bundesregierung allerdings nun mit gleichem Datum auch in Planung); bis Ende 2000 sollen bereits 20 Prozent aller Steuererklärungen digital eingereicht werden.[6] Vorreiter in Europa sind Schweden und Finnland. Finnland hat die »Kommunikationsgesellschaft« zum ›Staatsziel‹ erhoben. Neben den traditionellen Verwaltungsdienstleistungen über das Handy haben bereits seit 1999 alle Finnen einen digitalen Personalausweis (›Fineid‹), der als digitale Signatur viele Behördengänge erspart. Jetzt sollen auf dieser Chipkarte Steuererklärungen und Bankgeschäfte parallel möglich werden – eine neue Form der public private partnership.[7] Erste Versuche gibt es auch bei uns in der Zusammenarbeit der *bremen online service* und der Bremer Sparkasse.

Eckhard Schindler, KPMG-Manager, schätzt es so ein: »Ich denke, in drei Jahren (wird) es einen Schub geben. Wir werden die digitale Signatur haben, so daß viel mehr Transaktionen über das Internet abgewickelt werden. In den Verwaltungen selbst wird man viel stärker das Intranet zum Wissenstransfer nutzen. In zehn Jahren werden die Technologien genutzt, um die behördenübergreifenden Prozesse zu optimieren und das wird zu einer veränderten Verwaltungslandschaft geführt haben. Kommunen, Bund und

---

4 Berlin Communiqué 2000, S. 3f.
5 Vgl. Amstutz 1998.
6 Vgl. Herrmann 2000.
7 Meyer-Spasche 2000, S. 2.

Länder könnten stärker verbunden sein. In zehn Jahren werden wir auch in Deutschland durch ein einziges Portal Zugriff auf viele Verwaltungsleistungen haben.«[8]

Die Verwaltung wird Konkurrenz bekommen durch eCommunities, die bestimmte Probleme selbst lösen, anstatt auf die Politik oder die verzögernde Ausführung der Verwaltung zu warten. Das ist eine weitere Dimension des Projekts, die Politik in die Politik zurückzubringen: Politik bekommt Konkurrenz durch Selbsterledigung durch Bürgerorganisationen, die in vielen Feldern mit der Wirtschaft zusammenarbeiten – nicht nur als eCommunity, sondern als eigenständige *public private partnerships*. Und die Politik wird sich dieser aktiven NGOs annehmen, ihnen eine Anschubfinanzierung geben etc., weil sie erst so ihre eigene Verwaltung und Exekutive beschleunigen kann. Denn die Steuerung der Exekutive, die sich auf eine eigene Logik der Staatsausführungen und Gesetzes- wie Regelkonformität beruft, gelingt der Politik nur bedingt, weshalb sie lernen wird, die Konkurrenz für ihre Steuerungsinteressen zu nutzen. ›Kontextsteuerung‹ bekommt eine zusätzliche Dimension: Die Politik steuert über die Kooperation mit den Bürgern ihre eigenen Organisationen – sich selbst ebenso wie die Verwaltung. Das Prinzip dieses spezifischen Re-Imports von Innovation wird in Verwaltungen vermutlich zur leitenden Handlungsmaxime von Reformern.

Zuletzt werden die Beschaffungsvorgänge im *eGovernment* die Verwaltung von ihren Netzwerkklammern befreien, den negativen Politikverflechtungen in die Gesellschaft und Wirtschaft, und bringen einen wohltuenden Abschied der von den Bürgern zunehmend beobachteten bzw. unterstellten ›Kungeleien‹ und ›Seilschaften‹ im korporatistischen Modell. Der *non-market* zwischen Verwaltung,

8 Schindler 2000, S. 4.

Politik und Wirtschaft: das unsichtbare *lobbying*, die *old-boys-networks* und regionalen Politikbruderschaften, die ›Verfilzungen‹ und die kleinen Vorteilsclubs zum Schaden der Allgemeinheit werden in einen politisch transparenten und beobachtbaren *political market* überführt. Der Markt der Staatsbeschaffung ist auch ein Medium der Demokratisierung der Ausgabenverwendung.

Bei aller Euphorie muß dennoch konstatiert werden, daß es bei diesem Prozeß von einer Bürokratie zu einer *@ministration* nicht nur Gewinner geben wird. Während sich zunächst die Reformkommunen in der medien- und damit wahlwirksamen Vorreitersonne bewegen, wird es dann schwierig, wenn es als Normalität gefordert wird. Der Wegfall von (Korruptions- und Lobbying-) Begünstigungen durch die neue Transparenz macht die politische Entscheidung zum Markteintritt von Intermediären zur Unterstützung der eigenen Prozesse und potentiellen Konkurrenten eigener Dienstleistungen nicht leichter. Die Anreize auch zur amtsübergreifenden Zusammenarbeit sind vielfach in Regierungsinstitutionen und Kommunen nicht gegeben und werden auch trotz eines Profilierungsdrucks von oben (Stimmenmaximierung der Regierung) sowie einer Erwartungshaltung von unten (Effizienzzumutung durch öffentliches Bewußtsein) mit Eigendynamiken arbeiten.

Diese Effekte erschweren den Einsatz des eGovernment in den Verwaltungen besonders: »Es gibt den Wettbewerbsdruck nicht, der die Verwaltungen zwingt, die neuen Technologien sehr viel schneller zu nutzen. Es gibt nur einen Finanzdruck, aber der wirkt mitunter eher kontraproduktiv, weil dann nichts für die Investitionen übrigbleibt. Ein anderer Effekt ist, daß es den Verwaltungen schwerer fällt, qualifiziertes IT-Personal zu bekommen, da die Privatwirtschaft höhere Gehälter zu bieten hat. Der dritte Effekt ist, daß es in den Verwaltungen seit gut zehn Jahren andere Modernisierungsthemen gibt. Sie beschäftigen sich beispielsweise mit der Einführung neuer betriebswirtschaftlicher Steuerungsinstrumente, wie der Kosten- und Leistungsrechnung.«[9]

Beobachtbare Kompetenzprobleme im Umgang mit den neuen Technologien sind ein weiteres Problem in der Umsetzung dieser Überlegungen.[10] Aber auch die Akzeptanz bei den Bürgern muß sich erst entwickeln.[11] Nach der Untersuchung der Bertelsmann Stiftung sind es gerade 25 Prozent der Bürger und damit knapp weniger als die Penetrationsrate der deutschen Bevölkerung, die eine Online-Kommune fordern. Dabei ist für die eigene Priorisierung der Aktivitäten der öffentlichen Hand interessant, daß aber mehr als 60 Prozent der Unternehmen eine Online-Kommune fordern. Dies gilt sowohl für die eigenen Belange als auch für die digitale Abwicklung der Beschaffungsprozesse.

These 2: eGovernment setzt den »Markt für politische Kontrolle« in Gang und etabliert radikaler als bisher Wählerstimmen als wichtigste Marktwährung!

In der Forschungsrichtung der Neuen Politischen Ökonomie (NPÖ) wird das demokratische Wahlverfahren als Stimmenmarkt beschrieben – Politik also ökonomisch rekonzeptionalisiert. Die Parteien oder *political entrepreneurs* maximieren ihre Wählerstimmen – wie andere Unternehmer ihr Einkommen. Jede Mehrheitswahl gibt der Regierung, die gewählt wurde, einen Politikspielraum für eine bestimmte Epoche. Die Kontrolle der Politik erfolgt in der nächsten Wahl: Gelingt es der Regierung, wiederge-

---

9 Schindler 2000.

10 Vgl. Friedrichs 2000.

11 Hermann Hill, Rektor der Deutschen Hochschule für Verwaltungswissenschaften zu Speyer, schätzt, daß wir in Deutschland auf die nächste Generation warten müssen, d.h. 15–20 Jahre, »bis es wirklich breit akzeptiert wird. Gerade die mittlere Generation ist skeptisch, die Senioren und die Jungen, unter 30jährigen sind da offener.« Hill 2000, S. 1.

wählt zu werden, wird das als Erfolg ihrer bisherigen Politik bewertet. Die Wähler wählen, aber dieselbe Regierung womöglich nicht wegen ihrer erfolgreichen Politik, sondern aus ideologischer Bindung, neuen glaubhaft gemachten Erwartungen (ohne die alten erfüllt zu haben) und Semantiken oder deshalb, um andere Konstellationen nicht wählen zu müssen. Die repräsentative Demokratie hat nur ein schwaches Politikcontrolling. Wenn der Abstand zu Alternativen hinreichend vermittelt werden kann, können auch subeffiziente Politiken wiedergewählt werden. Politik steuert sich nicht nur über den eigenen Erfolg, sondern auch über die Distanz zu markierten Gegnern oder Alternativenabneigungen. *Erfolg der Politik besteht in ihre Wiederwahl, nicht in ihren Ergebnissen.*

In die hier durch das eGovernment vorgestellte Demokratie zweiter Ordnung wird ein nachgelagertes Beratungs- und Wahlverfahren eingeführt, das auf Effizienzsteuerung (oder zumindest auf Politikeffektivität) ausgerichtet ist. *eDemocracy* bringt eine neue Governance-Struktur in die Politik ein, bei der Wählerstimmen als Währung im Markt für politische Kontrolle *(market for political control)* gelten. Politische Kontrolle erfordert ein neues politisches Gedächtnis, das nicht durch die Grenzkommunikation vor den Wahlen ausblendet, welche Politikversagen stattgefunden haben. Erst durch *eGovernment*, das über fortlaufende Berichterstattung und Abweichungsanalysen in den Portalen über den Stand des Wählerversprechens und der Politikreformulierung Auskunft gibt und das Beschaffungs- und Ausgabenverhalten protokolliert, die Kosten/Nutzen-Verschiebungen und Interessenbeeinflussungen notiert, eröffnet sich eine neue Form der Kommunikation zwischen Politik und Bürgern, die durch die öffentlichen Medien, die aktuellen Berichterstatter, nicht geboten wird. Die Medien fokussieren Politik als Event, als aktuelles Ereignis, nicht aber als fortlaufendes *Politikprotokoll.* Erst die *eDemocracy* im *eGovernment*-Konzept wird diese Protokollfunktion ausüben können. Wahlen werden zu Evaluationsprozessen und nicht nur über die Erwartungsprospekte definiert. Nicht mehr nur die ewig neue Versprechung, sondern die Abgleichung zwischen alter und neuer Versprechung und inzwischen getätigter Politik wird ins Zentrum gerückt. Die neue politische Kommunikation gleicht Informationsasymmetrien aus und wirkt der kollektiven Vergeßlichkeit entgegen.

Die Akquisition neuer Stimmen wird über die Dienstleistungsqualität der Politik bewerkstelligt. Es wird nicht nur bewertet, was die Politik von dem, was sie versprach, leistete, sondern die effektive Leistung wird zusätzlich danach beurteilt, welche Qualität ihrer Ausführung und Bürgerkooperation sie bot.

Zwei Evaluationen laufen parallel: die Evaluation des ›Wählervertrages‹ und die Evaluation der Dienstleistungsqualität der Teile des ›Wählervertrages‹, die effektiv ausgeführt wurden. Beide Evaluationen zahlen sich in der Währung der Wählerstimmen aus. *eGovernment* führt eine neue Bewertungsplattform ein. Das ist der Beginn der Wissensgesellschaft in der Politik. *eGovernment* ist die Einführung der ›harten Währung‹ der Evaluation, der fortlaufenden Politikbeobachtung und -kommunikation.

Diese Analogie des »Market for *Political* Control« erfolgt zum derzeit boomenden »Market for *Corporate* Control« – im Sinne von Unternehmensfusionen und -übernahmen. Der Markt um die Rechte zu einer unternehmerischen Kontrolle zeichnen sich in einem immer fungibleren Markt für Unternehmenssteuerung vor allem durch konkurrierende Managementteams aus, die eine vergleichsweise höhere Wertsteigerung für die Aktionäre versprechen. Diese Analogie gilt für den Markt der politischen Kontrolle allerdings – zumindest im zeitlichen Kontext – nicht durchgängig, weil der »Market for *Political* Control« selbst politisch reguliert ist. Die Legislaturperioden schützen die Politiker davor, als notwendig angesehene Meritorisierungsaktivitäten ohne Abwahlängste fortzuführen. So wurde denn auch Schröder im Sommer 2000 von einigen Seiten aufgefordert, die lange Zeit bis zur nächsten Landtagswahl für die Durchsetzung von »unangenehmen, aber notwendigen Schritten« durchzuführen. Allerdings immunisieren diese temporären Marktsituationen die Politik auf der anderen Seite auch vor einem wirksamen, d.h. folgenreichen Auditing. Es muß daher auch in einem durch die Mediengesellschaft flankierten *eGovernment* gesichert bleiben, daß mit Hilfe der Legimationsressource ›Staat‹ Meritorisierungsaufgaben gewahrt bleiben und die Politik sich im Hype der *direct democracy* nicht als bloßer Erfüllungsgehilfe des Bürgers ansieht.

These 3: eGovernment schafft eine zweigliedrige Zukunft der politischen Akteure – Parteien vs. temporalisierte Issue Resolution Networks.

Wozu eigentlich noch Parteien? Die Frage mag irritieren, aber ein Blick in ihre Vergangenheit macht die Frage nach ihrer Zukunft nur klarer: Erst im 19. Jahrhundert sind Parteien als Mitgliederorganisationen aufgetreten. Die These hier nun: *eDemocracy* entwickelt sich als Ersatz und komplementär zu den Parteien. Deren alte Rolle, als Repräsentanten Sprachrohr für die politische Stimmung und Präferenzen der Bevölkerung zu sein – neben der ideologischen Orientierung, die in einer wertepluralen Gesellschaft antiquiert wirkt –, könnte durch Formen der *direct democracy* wie durch konkrete Projektbefragungen über Internet ersetzt werden. Die Sonde versagt ohnehin immer dann, wenn die Themendefinitionen mehr durch Differenzierungsbemühungen zu den anderen Parteien als durch Indentifizierungsbemühungen mit Bürgerproblemen bestimmt sind. Aber auch als Ressource für Führungskräfte taugen die Parteien weniger; in einer Wissensgesellschaft wird es für die Parteien zu riskant, sich nicht auf Kompetenz, sondern auf opportunistische Loyalität und Parteihochdienen zu verlassen. Parteien haben in dem oben beschriebenen Markt um politische Steuerung auch zu große Pakete im Angebot. Wie bei Portfoliounternehmen in der Privatwirtschaft werden diese an der »Börse« Wahltag mit einem *comglomerate discount* versehen, weil man als Investor nicht alles haben möchte, was einem in der Programmatik noch mitverkauft werden soll. Die Teile sind mehr wert als das Ganze!

Die Parteien werden natürlich nicht gänzlich verschwinden, dafür sorgen auch die politisch gesetzten Markteintrittsbarrieren für kleine Projektparteien qua »5 Prozent-Hürden« und Mindestanforderungen von Unterschriften zur Zulassung. Es wären auch neue kurzlebige Formen der Bürgerbewegung denkbar, die als *political issue resolution task forces* in Netzwerken von hochkompetenten (parteiunabhängigen oder -übergreifenden) Vertretern einzelner gesellschaftlicher Funktionssysteme arbeiten. Sie haben pro forma den gleichen Status wie jede Partikularinteressenvertretung, die im korporatistischen Staat ihre Rolle ja bereits spielt. Die Parteien blieben dann als Ressourcen für die Bildung von entsprechenden Arbeitsgruppen als Adressen bestehen. Ebenso wie bei Virtuellen Unternehmen erscheint dann ein solches heterogenes Team gegenüber dem Wähler wie eine Partei, obwohl die Beiträge sich aus einem Netzwerk von unterschiedlichen Kompetenzen zusammensetzen. Der Wegfall von Marktzutrittsbarrieren würde nicht zwingend nur eine Erhöhung des Organisationsgrades von Partikularinteressen bedeuten, sondern in erster Linie auch zusätzliche Kompetenz aus Einzelbereichen.

These 4: eGovernment muß mit den Problemen der Lösung »Partizipation« und den damit eingegangenen Selbstbindungen umgehen.

Ein Volk regiert sich selbst – und dies in einer Zeit, da Demokratien immer mehr ohne Volk stattfinden! Das Volk hat entschieden, und alle stöhnen über den Willen des Volkes. So können die Paradoxien der direkten Demokratie beschrieben werden. Aktuelles Beispiel ist die Rechtschreibreform. Bisher sieht das Gesetz Bürgerentscheide nur dann vor, wenn die gewählten Volksvertreter über eine wichtige Angelegenheit nicht entscheiden können oder wenn nach einer Entscheidung die öffentliche Diskussion ungemindert bzw. verstärkt weitergeht. Die Deutschen machen zunehmend von ihrem Recht des Mitwählens Gebrauch: In Bayern haben sie den Senat abgeschafft, in Wuppertal stand die Renovierung der Schwebebahn zur Diskussion, in Feldafing am Starnberger See wurde gegen eine Museumsspende votiert. Die Politik sitzt unter dem »Damoklesschwert des Bürgerentscheids«, wie es der Osnabrücker Staats- und Verwaltungsrechtler Jörn Ipsen ausdrückt.[12] Die Quoren liegen bei 25 bis 30 Prozent. In Bayern gibt es erst gar kein Quorum mehr. Die Erwartbarkeit der Politik ist damit gefährdet. Die Ergebnisse von Bürgerbefragungen werden zur Fessel politischen Handelns.

Wer Demokratie einführt, muß mit ihr rechnen. *eDemocracy* und *eGovernment* sind *commitments*, die nicht ungestraft wieder umgangen werden können.[13] Die Bindungskraft von Bürgervoten kann Kommunen in unkomfortable Haushaltssituationen bringen, wie beispielsweise die Stadt München bei ihrer Verkehrspolitik. Die Volksbefragungen, so zeigen die Schweizer Erfahrungen, stehen immer im Verdacht des Stimmenkaufs: »Es wäre grotesk: Das Volk will die Macht nicht an seine politischen Repräsentanten delegieren – und delegiert sie an außerpolitische Mächte.«[14]

Eine völlig neue Aufmerksamkeits- und Beobachtungskultur

---

12 O. V. 1999a.

13 In Analogie zur Unternehmensethik vgl. Wieland 1999, S. 62 f.: Wer sich moralisch bindet, verliert jede Reputation, wenn er diese Bindung nicht einhält.

14 O. V. 1999b.

entsteht in der Politik, gepaart mit einer hochaktiven Kommunikationsnetzkultur. Das neue Moment der durch die *eDemocracy* eingeführten Partizipation ist ihr Projektcharakter. Hier wird keine gänzlich neue Variante des Volksbegehrens und der Volksabstimmung eingeführt, sondern ein Verfahren zweiter Ordnung, das die Wahlverfahren der repräsentativen Demokratie unberührt läßt, aber eine zweite Ebene einbaut, in der die Bürger selbst die konkreten Entscheidungen als Demokratieprojekt mit gestalten: in Form von Befragungen, Auswahl über Prioritätenlisten, Kosten-/Nutzenerwägungen, Entscheidungsvorbereitungen etc. Das Spektrum der Involviertheiten ist groß und nicht einseitig auf politikbindende Mitbestimmung ausgeprägt. Doch muß es klar sein, daß das Partizipationsspiel nur läuft, wenn es effektiv arbeitet. Hier stellt sich eine enorme Aufgabe jenseits von Technologie und allen Modernisierungsbemühungen: Wenn das Phänomen der Politikverdrossenheit angegangen wird, dann ist bereits heute eine Auseinandersetzung mit dem erwarteten Erfolg dieser Strategie notwendig!

These 5: Die Kommunen sind die Viren des Virtualisierten Staates.

Es wäre vermessen, die *eDemocracy* als nationale bzw. gar globale Politikinstanz vorzuschlagen. Der erste und dringlichste Wandel wird lokal eintreten, in den Kommunen. Hier gelten Selbstverpflichtungen aufgrund des »Gesetzes des Wiedersehens«. Die Konsequenzen der Politik sind vor allem auch offline spürbar. Unabhängig von technischen Möglichkeiten wird die *eDomocracy* der Kommunen der Prüfstein für ihre neue Effektivität sein. In ihrem Umfeld sind die Bürger kompetent und wagen sich zu äußern, zu intervenieren. Sie wissen, wovon sie reden, und können die Handlungspotentiale wie Kommunikationsverläufe einschätzen. So unklug es wäre, eine nationale *eDemocracy* auszuschließen, so klug ist es, kommunale *communites* anzubieten. Die Zivilgesellschaft – wenn das eines ihrer hervorstechenden Medien wird – muß selbst erst zivilisiert werden: in Erfahrungsräumen positiver Lernkurven. Diese Initialzündungen vor Ort werden zu viralen und viablen Durchdringungen in die Landes- und Bundesebenen führen. Dies zeigt sich immer wieder, sei es die Haushaltspolitik oder auch die Nutzung der eGovernment-Möglichkeiten, immer wieder sind es die Kommunen, die hier eine Vorreiterstellung einnehmen. Durch entsprechende Experimentierklauseln – wie in Nordrhein-Westfalen weitgehend eingeführt – ergeben sich Testfelder der Kommunen, die immer wichtiger für die nationale Wettbewerbsfähigkeit werden.

These 6: eGovernment muß das Problem des »digital divide« als Eintrittsbarriere in das eGovernment lösen.

Das zentrale Problem bei der Umsetzung des eGovernement-Konzepts wird von allen Beobachtern einhellig mit *digital divide* umschrieben: der Teilung der Gesellschaft hinsichtlich ihrer Kompetenz und Möglichkeiten, das Internet zu nutzen.[15]

Ein anschauliches Beispiel: Im ebenso mystischen wie verschlafenen Palo Alto – im Herzen des Silicon Valley – kostet ein Haus durchschnittlich 700 000 Dollar. East Palo Alto – nur wenige Kilometer entfernt – hat hingegen Amerikas höchste Mordrate. Die kommunale Webseite von Palo Alto hat 251 Sektionen und gilt als ein Vorbild für das eGovernment. Die Webseite von East Palo Alto hingegen hat drei Sektionen, und der lokale Inhalt der Seite beschränkt sich auf die Angabe der (anscheinend durch die Kriminalität immer fluktuierenden) Bevölkerungszahl und die Adresse des Rathauses.[16] Ein Beleg dafür, wie ernst diese Thematik in den

[15] Vgl. hier in einem vorabveröffentlichten Beitrag der Harvard University: Norris 2000. Siehe auch die URL http://www.digital-divide.org.

[16] Vgl. Symonds 2000c.

USA genommen wird, ist einmal mehr die Firma Cisco. Sie stattet kalifornische Wohnheime und Wohnungen für Einkommensschwache mit Standleitungen aus, um so eine kontinuierliche Nutzung zu ermöglichen. Cisco-Mitarbeiter arbeiten ehrenamtlich an der Realisierung.

Die Konsequenz: *eGovernment* benötigt ein meritorisches Gut – das frei zugängliche Internet[17] und die allgemein verbreitete Kompetenz, damit umzugehen. Deutschland liegt hier auf einem mittleren Entwicklungsplatz (nach den USA, den skandinavischen Ländern, England etc.).[18] Ältere Mitbürger, Nicht-Erwerbstätige und Bürger mit geringem Bildungsstand und Einkommen sind de facto ausgeschlossen von der Politikteilhabe in der *eDemocracy*.

»Boris Beckers ›Bin ich schon drin?‹ wird zur Kernfrage einer funktionierenden Gesellschaft.«[19] Der *»digital divide«* entscheidet über das »Drinsein«. »Die grundsätzliche Frage lautet, ob wir sicherstellen können, daß diese Ressource (das Internet) vollständig in der Gesellschaft verfügbar ist. Wir sind der Meinung, daß dies vorrangig zu geschehen hat.«[20] Die 14 Staatsmänner, die sich in Berlin trafen, um die *progressive governance* als neues Politikmodell auszurufen, fordern (von sich): »Wir müssen die Schere zwischen aktiven Nutzern und Ausgeschlossenen (digital divide) durch Internetlehrerausbildung international wieder schließen […]«.[21] Die Tatsache, daß nicht alle Bürger über einen Internetzugang verfügen, ist kein genereller Einwand gegen *eDemocracy*,

17 Barber 1998, S. 16.

18 Die Hälfte der US-Bürger hat einen PC zu Hause, in Westeuropa sind es lediglich 21 Prozent. Nur in den skandinaivischen Ländern liegt der Anteil erheblich höher (Meckel 2000).

19 Meckel 2000.

20 Magaziner 1998, S. 13.

21 Berlin Communiqué 2000, S. 6.

sondern der Ausgangspunkt, über eGovernment Anreize zu schaffen, die Kommunikationsbasis zu erweitern.

Pippa Norris hat die ersten Erfahrungen mit der *cyberdemocracy* weltweit ausgewertet: » [...] die neu geordneten Möglichkeiten für die verfügbaren Informationen und Kommunikationen haben vermutlich positive Konsequenzen für eine Zivilgesellschaft«. Die meisten Vorteile sieht sie für kleine Parteien und Gruppierungen. »Die Reduzierung der Informations- und Kommunikationskosten minimiert einige, wenn auch nicht alle, der signifikanten Barrieren für eine effektive politische Partizipation auf dem individuellen Level; es wird für Bürger einfacher, zu den öffentlichen Angelegenheiten und Themen Zugang zu bekommen.«

Weltweit wird dieser Prozeß vor allem für die aufstrebenden Demokratien wie Taiwan, Brasilien und Südafrika von Bedeutung werden, »wenn eGovernance die Transparenz verbessert und eine Offenheit in dem politischen Meinungsbildungsprozeß erlaubt.« Doch weist sie auf eine mögliche, begleitende Entwicklung hin: »Aber ob das Internet jemals die Menschen ermutigen kann, die weniger ermutigt sind, von diesen Möglichkeiten auf einem Massenlevel Gebrauch zu machen, bleibt fraglich, weil es bei diesem Wahlmedium par excellence noch wesentlich leichter wird für die Menschen, sich aus dem öffentlichen Leben auszuklinken.«[22]

»Digitale Politik [...] trägt zu einer Vitalität der representativen Demokratie bei, aber sie umgeht auch weitgehend die Nichtinteressierten.«[23] Digitale Politik »aktiviert die Aktiven«.[24] Der »digital divide« wird nicht aufzuheben sein: »es wird ein wachsende ›democratic divide‹« zu beobachten sein. »Das Internet hat möglicher-

22 Norris 2000, S. 20 (Eigene Übersetzung).
23 Norris 2000, S. 19 (Eigene Übersetzung).
24 Norris 2000, S. 18, 19 (Eigene Übersetzung).

weise die Funktion die Aktiven und die Aphatischen noch weiter zu auseinanderzutreiben.«[25]

›Digital divide‹ – die Teilung der Gesellschaft in Netzaktive und Netzinaktive – ist kein Argument gegen die Extension von eDemocracy und eGovernment, da es sich um eine Ausweitung von politischen Informations-, Kommunikations- und Interaktionsmöglichkeiten handelt, die zu den anderen hinzutreten. *Digital politics* ist ein Aktivierungspotential, kein Ersatz für die bisherigen politischen Formen. Aber indem sie den Politikprozeß transparenter macht, mögliche Alternativen sichtbarer und die Zurechenbarkeit von Politiken verbessert, eröffnet die *digital politics* neue Informationsräume.

Der Spielraum der Bildung und Artikulation politischer Präferenzen wird größer, auch weniger institutionalisiert. Hier wachsen Befürchtungen von einer Destabilisation der repräsentativen Demokratie.[26] Doch solche Befürchtungen können lediglich die Erwartungen neu justieren, aber nicht die Entwicklung aufhalten. Natürlich sind die Bürger nicht plötzlich bereit, das Internet in politischen Angelegenheiten zu nutzen. Vor allem fehlen noch die interaktiven Angebote. Institutionalisierte politische Konventionen ändern sich erst über neue e-governance-Angebote. In Deutschland haben wir das neue Spielfeld noch fast gar nicht eröffnet. Die Portale der Politik sind erst noch bessere Anzeigentafeln. Lediglich erste Formulare sind auf den www-Seiten abrufbar; die digitale Verwaltung unternimmt ihre ersten, vorsichtigen Schritte. Noch fehlen uns die Erfahrungen. Warum glauben wir schon jetzt zu wissen, daß sie ungut sein würden?

Doch ist dies ein Hinweis auf einen länger andauernden Prozeß der Ausbreitung. Es wird deutlich, daß ein umfassendes eGovern-

---

[25] Norris 2000, Kap. 11, S. 9 (Eigene Übersetzung).
[26] Bimber 1998.

ment auch immer offline-Kanäle mitdenken muß, eine Erkenntnis im übrigen, die auch dem internetbasiertem Business-to-Consumer-Geschäft nur mühsam abzuringen war. Warum aber sollte der Staat nicht jedem Bürger einen Internetzugang schenken, mit der Verpflichtung, seine Verwaltungs- und Politikkommunikation darüber abzuwickeln? Nicht die Obligation ist wichtig, sondern der damit erreichte Schub der Nutzungsausbreitung – als Infrastrukturpolitik (durchaus in Kooperation mit privaten Unternehmen). Nicht der Verkauf des Zugangs ist bedeutend, sondern die Nutzungsdimension, die durch diese Innovation bei der Infrastruktur gewonnen wird. Die Wertschöpfung – ökonomisch wie politisch –, die durch die Nutzung des Internets ebenso erwartet wie forciert wird, kann nicht durch marktliche Restriktionen des Zugangs zum Internet blockiert werden. Freier Zugang zu den *Information-Highways* wird zum rein öffentlichen Gut, genauso wie bisher unsere Straßen. Wir haben in der *eGovernment*-Debatte ein zusätzliches Argument, das bei Straßen nicht angeführt werden kann: Steigerung des politischen Mehrwerts.

Ausblick

Wie die hier skizzierten Entwicklungen weiterlaufen werden, ist keineswegs absehbar. Das Konzept des eGovernment wird sicherlich in den nächsten Jahren für die eine oder andere Überraschung wie auch Enttäuschung sorgen. Viele Gründe sprechen aus Unternehmens- und Bürgerperspektive dafür. Auch für die öffentlichen Institutionen kann das entstehende Gefühl »Endlich ist auch der öffentliche Sektor sexy!« eine wohltuende Umkehr der Motivation für das zwingend notwendige Änderungsmanagement sein. Die Chancen stehen gut, weil die derzeit bremsenden Aspekte der Internetnutzung für den privaten und professionellen Bereich – Transaktionssicherheit, Vertrauen, Standards, Rechtssicherheit, einfache Benutzbarkeit der Technologien etc. – genau die Themen sind, die die Politik umsetzen muß, damit sie selbst das Internet nutzen kann.

Bestimmte Bedingungen zu schaffen, wie eine schnelle EU-weite Standardisierung der digitalen Signatur, eine konsequente Anpassung des Vergaberechts an die neuen Internettechnologien und ihre privatwirtschaftlichen Dienstleister oder eine klare strategische Entscheidung über die Subventionspolitik bei der Initiierung von Pilotprojekten bzw. zur Vermeidung von redundanter Technologieentwicklung über die Einbeziehung von privaten Dienstleistern für Innovationsbündnisse bei der Realisation von eGovernmentprojekten etc. Vielleicht wäre auch einmal an die Einsetzung eines nun auch für eigene Belange wichtiger werdenden »Internetministers« zu denken.

In diesem Bereich wird es in den nächsten Jahren einen erheblichen Experimentierbedarf auf der Seite der politischen Praxis und einen Forschungsbedarf auf der Seite der Wissenschaft geben. Wir werden vermutlich in den nächsten Chatforen darüber reden.

Literatur

Aikens, G. Scott (1999): Deweyan Systems in the Information Age, in: Hague, Barry N. / Loader, Brian D. (eds.): Digital Democracy. Discourse and Decision Making in the Information Age, London/ New York, S. 179–194.

Alt, J. E. / Shepsle, K. A. (1990) (eds.): Perspectives on Positive Political Economy, Cambridge, Mass.

Amstutz, Peter (1998): Der Souverän entscheidet auf Distanz (http:/ /www.ips.ch/ger/stored–documents/HTML/170.html) [Stand: 7. 12. 2000].

Andersen Consulting (2000): eGovernment Leadership (Juni 2000).

Arendt, Dirk (2001): Die Digitale Signatur – Teil 1. Idee, Rechtsgrundlage und Funktion, in: politik-digital (http://www.politik-digital/ netzpolitik/egovernment/digsig1.shtml).

Baecker, Dirk (2000a): Ämter, Themen und Kontakte: Zur Form der Politik im Netzwerk der Gesellschaft, in: Priddat, Birger P. (Hrsg.): Der bewegte Staat, Marburg, S. 9–54.

Baecker, Dirk (2000b): Eine bestimmte unbestimmte Gesellschaft (Replik auf Willke), in: Ethik und Sozialwissenschaft. Streitforum für Erwägungskultur, Jg. 11, H. 2, S. 209–212.

Barber, Benjamin R. (1998): Which Technology and which Democracy?, Democracy and Digital Media, MIT May 8–9, 1998; URL http//:www.media-in-transition.mit.edu/articles/barber.html [Stand: 28. 08. 2000].

Barzel, Yorim (1998): The state and the diversity of third party enforcers. Paper presented at the second annual conferences of the International Society of New Institutional Economics, Paris URL http//:www.isnie.org/isnie98/Barzel.doc [Stand: 28. 08. 2000].

Beck, Ulrich (1999): Schöne neue Arbeitswelt. Vision: Weltbürgergesellschaft, Frankfurt/New York.

Beck, Ulrich (2000): Mehr Zivilcourage bitte. Ein Vorschlag an die

Adresse Gerhard Schröders: Wir brauchen eine Gesellschaft engagierter Individuen, in: DIE ZEIT, Nr. 22, 25. 4. 2000, S. 11.

Berlin Communiqué (2000): Progressive Governance for the 21st Century, Kommuniqué der Berliner Konferenz der 14 Staatsmänner, 2. 6. 2000, Berlin.

Bertelsmann Stiftung (1998): Demokratie neu denken. Verfassungspolitik und Regierungsfähigkeit in Deutschland, Gütersloh.

Bertelsmann Stiftung (2000a): Virtuelle Medien als Chance für die Stadt der Zukunft – Strategische Herausforderung für die politische Führung, Gütersloh.

Bertelsmann Stiftung (2000b): Leitbild bürgerorientierte Kommune, Gütersloh, vgl. auch den Artikel desselben Titels in: Aktive Bürgerschaft Aktuell, Nr. 4/2000, S. 3 und 6.

Bialek, Catrin (2000): Im Netz der Verwaltung, in: Handelsblatt Netzwert, S. 9.

Bieber, Christoph (1999): Politische Projekte im Internet. On-line Kommunikation und politische Öffentlichkeit, Frankfurt/New York.

Bieber, Christoph (2000): Millenium Campaigning. Der US-Präsidentschaftswahlkampf 2000 im Internet, in: politik-digital, 5. 12. 2000.

Bimber, Bruce (1998): The Internet and Political Transformation: Populism, Community and Accelerated Pluralism, in: Polity, vol. XXXV, nr. 1, S. 133–160.

Blanke, Bernhard / Schridde, Henning (1999): Bürgerengagement und aktivierender Staat. Ergebnisse einer Bürgerbefragung zur Staatsmodernisierung in Niedersachsen, in: Aus Politik und Zeitgeschichte, B 24–25/99, S. 2–12.

BMWI (2000): Aktuelle Formen des Korporatismus, Gutachten für das Bundesministerium für Wirtschaft und Technologie, Berlin, August 2000.

Bohlender, Matthias (1995): Die Rhetorik des Politischen. Zur Kritik der politischen Theorie, Berlin.

Booz.Allen & Hamilton (2000): Chancen und Entwicklungen im Public Procurement – Studie des Bundesverbandes für Materialwirtschaft, Einkauf und Logistik e. V., Berlin.

Braithwaite, John (1998): Institutionalizing Distrust, Enculturating Trust, in: Braithwaite, Valerie / Levi, Margaret (1998) (eds.): Trust and Governance, New York, S. 343–375.

Braithwaite, Valerie / Levi, Margaret (1998) (eds.): Trust and Governance, New York.

Brennan, Geoffrey (1998): Democratic Trust: A Rational-Choice Theory View, in: Braithwaite, Valerie/Levi, Margaret (1998) (eds.): Trust and Governance, New York, S. 197–217.

Brennan, Geoffrey / Buchanan, James M. (1993): Die Begründung von Regeln, Tübingen.

Budäus, Dietrich (1998a) (Hrsg.): Organisationswandel öffentlicher Aufgabenwahrnehmung, Baden-Baden.

Budäus, Dietrich (1998b): Organisationswandel öffentlicher Aufgabenwahrnehmung als Teil eines New Public Management, in: Budäus, Dietrich (Hrsg.): Organisationswandel öffentlicher Aufgabenwahrnehmung, Baden-Baden, S. 99–120.

Burger, Reiner (2001): Behörden im Netz, FAZ, Nr. 40, 16. 2. 2001, S. 3

Buschmann, Ulf (2000): Die Amtsstube aus dem Internet, in: Demokratische Gemeinde, 11/2000, S. 10–11.

Cabinet Office (2000): e-government – A Strategic Framework for Public Services in the Information Age. Strategy Paper of the UK »Modernising Government Programme«, April 2000, URL http//: www.iagchampions.gov.uk/Strategy.htm [Stand: 04. 08. 2000].

Calabrese, Andrew (1999): The Welfare State, the Information Society, and the Ambivalence of Social Movements, in: Calabrese, Andrew / Burgelman, Jean-Claude (eds.): Communication, Citizenship, and Social Policy, Lanham/Boulder/New York/Oxford, S. 259–278.

Calabrese, Andrew / Burgelman, Jean-Claude (1999) (eds.): Communication, Citizenship, and Social Policy, Lanham/Boulder/New York/Oxford.

Caldow, Janet (1998): Governance in the Information Age. A White Paper from the Institute for Electronic Government's 2nd Annual Leadership Workshop in: URL http://www.ieg.ibm.com/pubs/out line.html [Stand 28. 7. 2000].

Caldow, Janet (1999a): The Quest for Electronic Government: A Defining Vision, Discussion Paper, Juli 1999, Washington.

Caldow, Janet (1999b): The Virtual Ballot Box: A Survey of Digital Democracy in Europe, in: URL http//:www.ieg.ibm.com.

California Internet Voting Task Force (2000): Report (www.ss.cagov/executive/ivote/).

Cambridge Management Consulting (2000): Innerbetriebliche Veränderungsprozesse scheitern oft an der letzten Hürde / Mangelnde Mitarbeitermotivation vor allem in Deutschland größtes Hindernis in der Umsetzungsphase (Studie).

Canadian Way (2000): The Canadian Way in the 21st Century, paper presented at the expert meeting preparing the international conference on ›New governance‹, Berlin, June 2 and 3, 2000.

Castells, Manuel (1999): The rise of the network society, Volume I of The Information Age: Economy, Society and Culture, Oxford.

Consumer Federation of America (2000): A persistent digital divide puts millions of Americans at an economic, social and political disadvantage (http://www.consumerfed.org/digitaldivide/disconnected102000.htm), Vollversion: http://www.consumerfed.org/digitaldivide/disconnected102000.pdf).

Corrado Anthony/Firestone, Charles M. (Hrsg.) (1996): Elections in the Cyberspace, Washington.

Czada, Roland / Schmidt, Manfred G. (1993) (Hrsg.): Verhandlungsdemokratie, Interessenvermittlung, Regierbarkeit. Festschrift für Gerhard Lehmbruch, Opladen.

Dalfert, Simon (2001): Privat oder nicht-Privat – ist das eine Frage? Wieviel Privatisierung braucht ein Stadtportal? In: politik-digital (http://www.politik-digital/netzpolitik/egovernment/privat.shtml).

Deloitte & Toche (2000): At the Dawn of eGovernment: The Citizen as Customer, New York.

Dienel, Peter C. (1999): Mehr Mitentscheidung in der Demokratie ist möglich, in: Aus Politik und Zeitgeschichte, B 24–25/99, S. 23–29.

DIE ZEIT (2000a): Forum: Kunst des Regierens im 21. Jahrhundert, 15. 6. 2000, S. 13–15.

DIE ZEIT (2000b): Bremen führt digitale Unterschrift ein, 29. 11. 2000.

Dixit, Avinash K. (1996). The Making of Economic Policy: A Transaction-Cost Politics Perspective, Cambridge, Mass. / London.

Dodd, Preston et al. (2000): Government – Benchmarking the Industry Online, Jupiter Benchmark Report, 17. 04. 2000.

Dunkel, Monika (2000): Beschaffung nach alten Vorschriften, in: WirtschaftsWoche, 26, 22. 06. 2000, S. 49.

Ederer, Peer / Schuller, Peter (1999): Geschäftsbericht Deutschland AG, Stuttgart.

Eggertsson, Thrainn (1997): When the State Changes Its Mind: The Puzzle of Discontinuity on Government Control of Economic Activity, in: Giersch, Herbert (ed.): Privatization at the End of the Century, Berlin-Heidelberg, S. 3–28.

Eggertsson, Thrainn (1998a): Limits to Institutional Reforms, Diskussionsbeitrag 08/98, Max-Planck-Institut zur Erforschung von Wirtschaftssystemen, Jena.

Eggertsson, Thrainn (1998b): State Reforms and the Theory of Institutional Policy, Diskussionsbeitrag 11/98, Max-Planck-Institut zur Erforschung von Wirtschaftssystemen, Jena.

Eifert, Martin (2001): Die rechtlichen Seiten der digitalen Signatur, in: politik-digital (http://www.politik-digital.de/netzpolitik/egovernment/eifert.shtml).

Eimicke, William B. (2000): San Diego's County's Innovation Programme: Using Competition and Whole Lot More to Improve Public Services, Columbia University, Picker Center for Executive Education, School of International and Public Affairs, Januar 2000 URL http//:www.endowment.pwcglobal.com.

Eisel, Stephan / Scholl, Mechthild (1998) (Hrsg.): Internet und Politik, St. Augustin.

Engel, Christoph / Keller, Kenneth H. (2000) (eds.): Understandig the Impact of Global Networks on Local, Social, Political, and Cultural Values, Baden-Baden.

Engelhardt, Gunther (1990): Die Instrumentalthese in der wirtschaftswissenschaftlichen Diskussion: Ansätze einer institutionenökonomischen Analyse, Dikussionsschriften aus dem Institut für Finanzwissenschaft, Universität Hamburg, Nr. 35.

Engelhardt, Gunther (1995): ›Symbiotische Arrangements‹ und Versorgungsorganisation öffentlicher Aufgabenerfüllung, Diskussionsschriften aus dem Institut für Finanzwissenschaften, Universität Hamburg, Nr. 37.

Engelhardt, Werner W. (1998): Hybride Organisationsformen des ›Dritten‹ bzw. ›Nonprofit‹-Sektors und die künftigen Verwaltungsaufgaben, in: Budäus, Dietrich (Hrsg.): Organisationswandel öffentlicher Aufgabenwahrnehmung, Baden-Baden, S. 177–210.

Falk, Svenja (2001): eGovernment in Deutschland: Auf die Plätze, fertig, los? In: politik-digital (http://www-politik-digital.de/netz politik/egovernment/egovern.shtml).

Feld, Ludwig P. / Kirchgässner, Gebhard (2000): Gastkommentar: Wenn die Macht vom Volke ausgeht. Das Schweizer Beispiel zeigt: Direkte Demokratie kann politische und ökonomische Vorteile haben, in: Financial Times Deutschland, 23. 05. 2000.

Fishkin, James F. (1998): Das ganze Land in einem Raum. Experimente mit beratenden Meinungsumfragen, in: Leggewie, Claus/ Maar, Christa (1998) (Hrsg.): Internet & Politik – Von der Zuschauer- zur Beteiligungsdemokratie, Köln, S. 341–353.

Frey, Bruno S. / Kirchgässner, Gebhard (1994): Demokratische Wirtschaftspolitik, München.

Frey, Bruno S. / Kucher, Marcel / Stutzer, Alois (1999): Outcome, Process & Power in Direct Democracy. Working paper No. 25, Institute for Empirical Research in Economics, Universität Zürich, Nov. 1999.

Fürst, Dietrich (1987): Die Neubelebung der Staatsdiskussion: Veränderte Anforderungen an Regierung und Verwaltung in westlichen Industriegesellschaften, in: Jahrbuch zur Staats- und Verwaltungswissenschaft, Bd. 1, S. 26–53.

Gabriel, S. (2000): Das Ende der Dinosaurier, in: DER SPIEGEL, H. 14, 2000, S. 40–42.

Galindo, F. / Quirchmayr, G. (2000) (eds.): Advances in Electronic Government, Proceedings of the IFIP 8.5 Conference, Februar 2000, Univ. Zaragoza.

Gellner, Winand / Korff, Fritz von (1998) (Hrsg.): Demokratie und Internet, Baden-Baden.

Geser, Hans (2000): Auf dem Weg zur Neuerfindung der politischen Öffentlichkeit. Das Internet als Plattform der Medienentwicklung und des sozio-politischen Wandels, in: Martinsen, Renate / Simonis, Georg (Hrsg.): Demokratie und Technik – (k)eine Wahlverwandtschaft? Opladen, S. 401–429.

Giddens, Anthony (1998): The Third Way: The Renewal of Social Democracy, Cambridge, UK.

Gisler, Michael / Spahni, Dieter (2000) (Hrsg.): eGovernment. Eine Standortbestimmung, Bern.

Granow, Michael H. / Platt, David E. / Vaysman, Igor (2000): Using Activity-Based Costing for Manage More Effectively, University of Texas at Austin, Januar 2000, URL http//:www.endowment.pwcglobal.com.

Grossmann, L. (1998): Changing Conceptions or Democracy, Democracy and Digital Media, MIT May 8–9, 1998, URL http//:www.media-in-transition.mit.edu/articles/grossmann.html.

Hagel III, John / Armstrong, Arthur G. (1997): Net Gain – Profit im Netz: Märkte erobern mit virtuellen Communities, Wiesbaden.

Hagen, Martin (1997): Elektronische Demokratie. Computernetzwerke und politische Theorie in den USA, Hamburg.

Hagen, Martin (2000): One-Stop-Government in Germany, in: Kubicek, Herbert / Hagen, Martin (2000) (Hrsg.): One-Stop-Government in Europe. Results from 11 national surveys, Bremen, S. 245–314.

Hague, Barry N. / Loader, Brian D. (1999) (eds.): Digital Democracy. Discourse and Decision Making in the Information Age, London/New York.

Hallgren, M. M. / McAdams, A. K. (1995): A Model for Efficient Aggregation of Resources for Economic Public Goods on the Internet, MIT-workshop on Internet Economcis March 1995 URL http//:www.press.umich.edu/jep/works/HallgModel.html [Stand 28. 08. 2000].

Hayek, Friedrich (1946/48): The Meaning of Competition, in: Hayek, F.: Individualism and Economic Order, Chicago, S. 92–106.

Hayek, Friedrich (1960): The Constitution of Liberty, London.

Hechensteiner, S. (2000a): @mministrazione in rete, in: Accademia, Europäische Akademie Bozen, Nr. 23, Juli 2000, S. 6.

Hechensteiner, S. (2000b): Verwaltung auf e-Wegen, in: Accademia, Europäische Akademie Bozen, Nr. 23, Juli 2000, S. 7.

Heinze, Rolf (2000): Neue Strukturen im Kontext des ›aktivierenden Staates‹, Thesenpapier zur Berliner Konferenz zum ›progressive government‹, 2. und 3. 6. 2000 Berlin.

Herrmann, Arnd (2000): eGovernment oder Amtsschimmel – Wie weit ist die deutsche Verwaltung?, in: politik-digital 5. 12. 2000.

Herrmann-Pillath, Carsten (2000): Social Capital and Networks: A proposal for Conceptual Integration, Wittener Diskussionspapiere Nr. 63, Juni 2000, Fakultät für Wirtschaftswissenschaft der Universität Witten/Herdecke.

Hesse, Joachim J. (1998): Schlanker Staat und bürgernahe Verwaltung, in: Leggewie, Claus / Maar, Christa (1998) (Hrsg.): Internet & Politik – Von der Zuschauer- zur Beteiligungsdemokratie, Köln, S. 251–261.

Heuser, Uwe J. / Kantara, Jeannine / Randow, Gero von (2000): Elektronische Demokratie. Die Zukunft des Gemeinwesens liegt im Internet: Schon heute wird dort debattiert und abgestimmt, in: DIE ZEIT, Nr. 16 (13. 04. 2000), S. 10.

Hill, Herrmann (2000a): ›Völlig Online wird die Verwaltung nie sein‹. Interview, in: politik-digital, 05. 12. 2000.

Hill, Herrmann (2000b): Über Binnenmodernisierung zu Good Governance. Aktivierung und Einbeziehung gesellschaftlicher Mitglieder als Staatsaufgabe, in: V.O.P. (Verwaltung – Organisation – Personal), Nr. 12/2000, S. 9–12.

Hill, Herrmann (2001): Geht alle Macht vom Volke aus? Die Demokratie im Dritten Jahrtausend, in: politik-digital (http://www.politik-digital/netzpolitik/egovernment/speyer.shtml).

Hirschman, Albert (1982): Shifting Involvement: Private Interest and Public Action. Princeton.

Hombach, Bodo (1998): Aufbruch: Die Politik der Neuen Mitte, München.

Jann, Werner (2000): Zivilgesellschaft und aktivierender Staat. Modernisierung des Staates: Vom Anspruch zur Partnerschaft – Rückgabe von Verantwortung an die Bürger, working paper für den Kongreß ›progressive government‹, 02./03. 06. 2000, Berlin.

Jansen, Stephan A. / Schleissing, Stephan (2000) (Hrsg.): Konkurrenz und Kooperation – Interdisziplinäre Beiträge zu einer Theorie der Co-opetition, Marburg.

Jansen, Stephan A. (2000a): Konkurrenz der Konkurrenz: Co-opetition – Die Form der Konkurrenz – Typen, Funktionen und Voraussetzungen von paradoxen Koordinationsformen, in: Jansen, Stephan A. / Schleissing, Stephan (Hrsg.): Konkurrenz und Kooperation – Interdisziplinäre Beiträge zu einer Theorie der Co-opetition, Marburg, S. 13–64.

Jansen, Stephan A. (2000b): Mergers & Acquisitions – Unternehmensakquisitionen und -kooperationen, 3. überarbeitete und ergänzte Auflage, Wiesbaden.

Jansen, Stephan A./Priddat, Birger P. (2000): http://eGora.gov From the »Zivilgesellschaft« to eGovernment: the Virtualisation of the State. Paper auf dem Weltkongreß ›new governance‹, 2./3. 6. 2000, Berlin.

Jarren, Otfried (1998): Demokratie durch Internet? in: Eisel, Stephan / Scholl, Mechthild (Hrsg.): Internet und Politik, St. Augustin, S. 27–51.

Joerger, Gernot (2000): Sind deutsche Verwaltungen lernfähig? Anmerkungen zur Lernfähigkeit und -bereitschaft des öffentlichen Sektors, in: V.O.P., 11, S. 9–12.

Jones, Bill (1999): California eGovernment Plan, Dec. 1999 URL http://www.ss.ca.gov/executive/bj–tech–plan.html. [5. 4. 2000]

Kaczmarczyk, Andrzej (2000): Perspectives of Cyberdemocracy (http://www.imm.org.pl/mat/ACybdemA.html).

Kahler, M. (2000): Information Networks and Global Politics, in: Engel, Christoph / Keller, Kenneth H. (2000) (eds.): Understandig the Impact of Global Networks on Local Social, Political and Cultural Values, Baden-Baden, S. 141–157.

Keane, John (1988): Democracy and Civil Society, London.

Keck, Margaret E. / Sikkink, Kathryn (1998): Activists beyond Borders, Ithaca/London.

Kenis, Patrick / Schneider, Volker (1991): Policy Networks and Policy Analysis: Scrutinizing a New Analytical Toolbox, in: Marin, Bernd / Mayntz, Renate (Hrsg.): Policy Networks: Empirical Evidence and Theoretical Considerations, Frankfurt, S. 25–63.

Kenis, Patrick / Schneider, Volker (Hrsg.) (1996): Organisation und Netzwerk: Institutionelle Steuerung in Wirtschaft und Politik, Frankfurt am Main.

Kirchgässner, Gebhard (2000): Wirtschaftliche Auswirkungen der direkten Demokratie, in: Perspektiven der Wirtschaftspolitik, Bd. 1, H. 1, S. 161–180.

Klingemann, Hans-Dieter / Neidhardt, Friedhelm (2000) (Hrsg.): Zur Zukunft der Demokratie, WZB-Jahrbuch 2000, Berlin.

Klinger, Rudolf (2000): Bayern goes online, in: politik-digital, 05. 12. 2000.

Koerner, Swantje-Britt (2000): Das digitale Dorf am Rhein, in: politik-digital, 05. 12. 2000.

Korff, Fritz von (1998): Kommunale Bürgernetze im Internet, in: Gellner, Winand / Korff, Fritz von (Hrsg.): Demokratie und Internet, Baden-Baden, S. 95–110.

KPMG (2000): Verwaltung der Zukunft – Status quo und Perspektiven für eGovernment 2000, KPMG-Studie.

Krempl, Stefan (1998): Auf dem Weg zur elektronischen Demokratie?, telepolis, netzraum special 1998/1999, URL http//:www.heise.de [Stand: 03. 08. 2000].

Krempl, Stefan (1999): Endlich! Der Staat wird modern – Bundesinnenminister Otto Schily propagiert den aktivierenden, transparenten Staat, telepolis, netzraum special 1998/1999, 21. 12. 1999, URL http//:www.heise.de [Stand: 03. 08. 2000].

Kubicek, Herbert (2000): Interaktive Rathäuser in Deutschland, in: politik-digital, 5. 12. 2000.

Kubicek, Herbert/Hagen, Martin (2000) (Hrsg.): One-Stop-Government in Europe. Results from 11 National Surveys, Bremen.

Kunze, Martin (2000): Bürgernetz Münster, in: politik-digital, 5. 12. 2000.

Lal, Deepak (1993): The Repressed Economy, Aldershot.

Lal, Deepak (1997): Private Provision of Public Goods and Services, in: Giersch, Herbert (ed.): Privatization at the End of the Century, Berlin-Heidelberg, S. 329–362.

Leggewie, Claus (1998): Demokratie auf der Datenautobahn – Wie weit geht die Zivilisierung des Cyberspace? Internet und Politik – Ein Problemaufriß, in: Leggewie, Claus / Maar, Christa (Hrsg.): Internet & Politik – Von der Zuschauer- zur Beteiligungsdemokratie, Köln.

Leggewie, Claus (1999): Das Internet als Wahlkampfarena, in: politik-digital, 05. 12. 2000.

Leggewie, Claus / Maar, Christa (1998) (Hrsg.): Internet & Politik – Von der Zuschauer- zur Beteiligungsdemokratie, Köln.

Leib, Volker (1998): Wissenschaftsnetze und Bürgernetze. Vom selbstgesteuerten Internet zur elektronischen Demokratie?, S. 81–94 in: Gellner/von Korff 1998.

Lenk, Klaus (1998): From the Citizens Office towards multifunctional Service Shops, pp. 441–449 in: Csuhaj, E. / Traunmüller, R. (1998) (eds.): Telecooperation, Proceedings of the XV. IFIP World Computer Congress, OCG, Wien.

Lenk, Klaus / Wimmer, Maria / Traunmüller, Roland (2001): Electronic Business Invading the Public Sector: Considerations on Change and Design, in: Proceedings of the 34th Hawaii International Conference on System Sciences.

Levy, Margaret (1998): A State of Trust, in: Braithwaite, Valerie / Levi, Margaret (eds.): Trust and Governance, New York, S. 77–101.

Liebl, Franz (2000): Der Schock des Neuen: Entstehung und Management von Issues und Trends, München.

Littmann, Peter / Jansen, Stephan A. (2000): Oszillodox! Virtualisierung: Die permanente Neuerfindung der Organisation, Stuttgart.

Lorenz-Meyer, Loren (2000): Auf dem Weg in ein vernetztes Hamburg, in: politik-digital, 05. 12. 2000.

Lovink, Geert (2000): Zwischen Freiheit und Politik. ›De Digitale Stad‹ Amsterdam wird erwachsen, in: politik-digital, 05. 12. 2000.

Lowe, Charles (2000): In the Next Ten Years, Government and Other Public Sector Bodies that do not Proactively Embrace Internet Technology will Cease to Exist in Recognisable Form (general manager, eGovernment, BT) URL http://www.egovernment.bt.com/reports–articles/publicsector.html [Stand 17. 10. 2000].

Luge, Andreas (2001): Anforderungen an ein neues Management. Ansätze und Empfehlungen für die Ausgestaltung in Kommunalverwaltungen, S. 14–17, in: V.O.P. (Verwaltung-Organisation-Personal), Nr. 1–2/2001.

Luhmann, Niklas (1988): Das Ende der alteuropäischen Politik, in: Weyembergh, M./Piret, M. (Hrsg.): La fin du politique. Tijdschrift voor de Studie van de Verlichting en van het vrije Denken, 16, S. 249–257.

Luhmann, Niklas (1999): Gesellschaftsstruktur und Semantik, Studien zur Wissenssoziologie der modernen Gesellschaft, Frankfurt.

Luhmann, Niklas (2000): Die Politik der Gesellschaft, Frankfurt.

Magaziner, I. (1998): Democracy and Cyberspace: First Principles; Democracy and Digital media, MIT May 8–9, 1998; URL http//: www.media-in-transition.mit.edu/articles/session4–m1.html [Stand 28. 08. 2000].

Malkin, Jesse / Wildavsky, Aaron (1991): Why the Traditional Distinction between Public and Private Goods should be Abandoned, in: Journal of Thoretical Politics, 3, 4, S. 355–378.

Mannhart, Urs / Müllert, Laurenz (2001): Schlangestehen vor dem virtuellen Schalter, in: eBund – Der Bund im Internet (http:/ /www.ebund.ch/ebund.asp?SOURCE=/ ... tions/DER–BUND/ 2000/240/BKT/53283.HTML)

March, James G. / Olsen, Johan P. (1989): Rediscovering Institutions. The Organizational Basis of Politics, New York / London.

Mardsen, C. / Andriof, J. (1999): Corporate Citizenship, in: Personalführung, Nr. 8/1999, S. 34–41.

Marin, Bernd (1996): Generalisierter politischer Austausch, in: Kenis, P. / Schneider, V. (Hrsg.): Organisation und Netzwerk. Institutionelle Steuerung in Wirtschaft und Politik, Frankfurt / New York, S. 425–470.

Marin, Bernd / Mayntz, Renate (1991) (Hrsg.): Policy Networks: Empirical Evidence and Theoretical Considerations, Frankfurt.

Martin, Lawrence L. (1999): Determining a Level Playing Field for Public-Private Competition, in: URL http//:www.endowment. pwcglobal.com [Stand 20. 08. 2000].

Mayntz, Renate (1990): Politische Steuerbarkeit und Reformblockaden, in: Dies. (Hrsg.): Soziale Dynamik und politische Steuerung, S. 209–238, Frankfurt / New York.

Mayntz, Renate (1992): Modernisierung und die Logik von interorganisatorischen Netzwerken, in: Journal für Sozialforschung, 32, S. 19–32.

Mayntz, Renate (1993): Policy-Netzwerke und die Logik von Verhandlungssystemen, in: Adrienne Héritier (Hrsg.): PVS Sonderheft, 24/1993, S. 39–56.

Mayntz, Renate / Scharpf, Fritz W. (1996) (Hrsg.): Gesellschaftliche Selbstregelung und politische Steuerung, Frankfurt.

McDonough, F. A. (2000): Waiting for e-government, in: Accademia. Europäische Akademie Bozen, Nr. 23, Juli 2000, S. 8–9.

McHenry, Bruce (2000): The Democratic Tradition of the Politics of

Infrastructure (http://staff-www.uni.marburg.de/~rilling/net/mue/democrac.html) [Stand 05. 12. 2000].

Meckel, M. (2000): Gastkommentar: Die Internet-Revolution könnte die Gesellschaft spalten, in: Financial Times Deutschland, 30. 05. 2000.

Mellor, Neill (2000): eProcurement can transform the public sector (programm director of BT's stepchange.gov) URL http://egovernment.bt.com/reports–articles/eprocedure.html) [Stand 17. 11. 2000].

Mellor, Neill (2000): how eProcurement can transform the public sector (http://www.egovernment.bt.com/reports-articles/eprocedure.html).

Memorandum (2000): Contract with the future. A vision on the electronic relationship between government and citizen. Memorandum presented to the Lower Chamber of Dutch Parliament by the Minister for Urban Policy and the Integration of Ethnic Minorities (19. 5. 2000).

Memorandum GI und ITG (2000): Memorandum Electronic Government, September 2000, Stuttgart.

Meyer-Krahmer, Friedrich (2000): The New Economy – Some Consequences for Innovation Policy. Ten Theses Presented at the Expert Meeting Preparing the International Conference of Prime Ministers and Governors (›New governance‹); Berlin 2./3. 6. 2000.

Meyer-Spasche, Jonna (2000): Fortschrittlich in Finnland, in: politik-digital, 05. 12. 2000.

microsoft (1999): Kooperation: Schlüssel zum Erfolg, in: Industry Solutions (www.microsoft.com/europe/industry/government.htm).

Monumentum Research Group (2000): Benchmarking the eGovernment Revolution (26. 07. 2000).

Morino, Mario (2000): Policy&Philanthropy: Keys to Closing the Digital Divide, in: Morino Institute (http://morino.org/closing–sp–dig.asp).

Mueller, Dennis C. (1989): Public Choice, Cambridge, UK.

Mulder, Burt (1999): Parliaments Futures: Re-Presenting the Issue. Information, Technology and the Dynamics of Democracy, in: Parliamentary Affairs, 52, 3, S. 553–566.

Mummert + Partner (2000): E-Government: Das Ringen der Kommunen um die Poleposition, Studie, 16. 11. 2000.

Münkler, Herfried / Fischer, Karsten (1999): Gemeinwohl und Gemeinsinn. Thematisierung und Verbrauch sozialmoralischer Ressourcen in der modernen Gesellschaft, Sonderdruck aus: Berlin-Brandenburgische Akademie der Wissenschaften, Berichte und Abhandlungen, Bd. 7, Berlin.

Musgrave, Richard et al. (1978): Die öffentlichen Finanzen in Theorie und Praxis, Band 1, Tübingen.

Newcombe, Tod (1999): Knowledge Management: New Wisdom or Passing Fad?, in Government Technology, Juni 1999. URL http//: www.govtech.net [Stand: 28. 08. 2000].

Newman, Bruce I. (1999): The Mass marketing of Politics. Democracy in an Age of manufactured Images, Thousand Oaks/London/ Delhi.

Niederland (1999): Vertrouwen in verantwoordlijkheid (trusting in responsibility), Ministery of the Interior and Kingdom Relations, Den Haag.

Noll, Werner / Ebert, Werner (1998): Organisationswandel aus verändertem Verständnis öffentlicher Aufgaben – Geeignete Institutionen aus spieltheoretischer Sicht, in: Budäus, Dietrich (Hrsg.): Organisationswandel öffentlicher Aufgabenwahrnehmung, Baden-Baden, S. 61–98.

Noor, Henry (2000): Time to Digitize Elections. State has certified digitized election equipment from 4 manufacturers, in: San Francisco Chronicle, 27. 11. 2000.

Norris, Pippa (2000): Digital Divide? Civic Engagement, Information Poverty & the Internet Worldwirde. NY: Cambridge University Press, Forthcoming 2001, open draft in: www.pippanorris.com.

North, Douglas C. (1990): A Transaction Cost Theory of Politics, in: Journal of Theoretical Politics, vol. 2, nr. 4, S. 355–367.

Nullmeier, Frank (1993): Wissen und Policy-Forschung. Wissenspolitologie und rhetorisch-dialektisches Handlungsmodell, in: Heritier, A. (Hrsg.): Policy-Analyse, Kritik und Neuorientierung, PVS Sonderheft 24, Opladen, S. 175–196.

O. V. (1999a): Stimme des Volkes, in: Die Woche, 05. 07. 1999, URL: http//:www.politik-digital.de [Stand: 08. 08. 2000].

O. V. (1999b): Das überschätzte Plebiszit, in: politik-digital, 05. 07.

1999, URL http//:www.politik-digital.de [Stand: 03. 08. 2000] .

Oettle, Karl (1998): Verkleinerung von Leistungsprogrammen (›lean production‹) in öffentlicher Wirtschaft und Verwaltung, in: Budäus, Dietrich (Hrsg.): Organisationswandel öffentlicher Aufgabenwahrnehmung, Baden-Baden, S. 155–176.

Ostrom, Vincent / Bisk, Frances P. (1977) (Eds.): Comparing Urban Delivery Systems – Structure and Performance, Beverly Hills.

Panther, Stephan (1996): Informelle soziale Netze und Sozialstaat, in: Priddat, B. P. / Wegner, G. (Hrsg.): Zwischen Evolution und Institution. Neue Ansätze in der ökonomischen Theorie, Marburg, S. 271–300.

Panther, Stephan (1997): Soziale Netzwerke und die Logik kollektiven Handelns, in: Pies I. / Leschke, M. (Hrsg.): Mancur Olsons Logik kollektiven Handelns, Tübingen, S. 71–93.

Papazafeiropoulos, Anastasia / Pouloudi, Athanasia / Currie, Wendy L. (2001): Applying the Stakeholder Concept to Electronic Commerce: Extending Previous Research to Guide Government Policy Makers, in: Proceedings of the 34th Hawaii International Conference on System Sciences.

Parsons, Talcott (1968): Social Systems, in ders.: Social Systems and the Evolution of Action Theory, New York, S. 177–203.

Paschen, Frank (2000): Reitet Ihr Bürgermeister noch den Amtsschimmel? Wo es beim Bau des ›Virtuellen Rathauses‹ derzeit hakt, in: politik-digital, 05. 12. 2000 (politik-digital 2.0 :/netzpolitik/egovernment/amtsschimmel.html).

Peacock, Mark (2000): Third Way Politics and the Future of Social Democracy. Reflections on the Recent Thought of Anthony Giddens, in: Priddat, Birger P. (2000) (Hrsg.): Der bewegte Staat, Marburg, S. 167–196.

Penz, Reinhard (1999): Legitimität und Viabilität. Zur Theorie der institutionellen Steuerung der Wirtschaft, Marburg.

Perger, Werner A. (2000): Die bange Linke, S. 3 in: DIE ZEIT, Nr. 48 (23. 11. 2000).

Porter, Michael E. (1990): The Competitive Advantage of Nations, New York.

Porter, Michael E. (1991): Towards a Dynamic Theory of Strategy, in: Strategic Management Journal, 12, S. 95–117.

Post, David G. (1997): Governing Cyberspace URL http://www.cli.org/DPOST/ascl.htm [Stand: 14.05.99].

Post, David G. / Johnson, David R. (1997): The New Civic Virtue of the Net: A Complex Systems Model for the Governance of Cyberspace, URL http://www.stlr.stanford.edu/STRL/Working–Papers/97–Post–1/index.htm [Stand: 14.05.99].

Powell, Walter W. (1990): Neither Market nor Hierarchy: Netwok Forms of Organizations, in: Research in Organizational Behaviour, 12, S. 295–304.

Power, Michael (1997): The Audit Society: Rituals of Verification, Oxford.

PriceWaterhouseCoopers (2000): Die Zukunft heißt E-Government. Deutschlands Städte auf dem Weg zur virtuellen Verwaltung. Ergebnisse einer Studie mit dem Deutschen Städte- und Gemeindebund.

Priddat, Birger P. (1989): Die politische Struktur der Aristotelischen Ökonomie, in: Politische Vierteljahresschrift (PVS), 30. Jg., H. 3, S. 395–419.

Priddat, Birger P. (1992): Zur Ökonomie der Gemeinschaftsbedürfnisse: Neuere Versuche einer ethischen Begründung der Theorie meritorischer Güter, in: Zeitschrift für Wirtschafts- und Sozialwissenschaft, Jg. 11, H. 2, 1992, S. 64–85.

Priddat, Birger P. (1992a): Para- und Nonfiski – Zur ökonomischen Theorie ›intermediärer Organisationen‹, in: Tiepelmann, Klaus / Beek, Gregor van (Hrsg.): Theorie der Parafiski, Berlin/New York, S. 163–192.

Priddat, Birger P. (2000a) (Hrsg.): Der bewegte Staat, Marburg .

Priddat, Birger P. (2000b): ReForm. Über den Wunsch nach Form in der Politik, in: Priddat, B. P. (Hrsg.): Der bewegte Staat, Marburg, S. 119–166.

Priddat, Birger P. (2000c): Steuerung: in economics (Replik auf Willke), in: Ethik und Sozialwissenschaft, Streitforum für Erwägungskultur, Jg. 11, H. 2, S. 263–265.

Priddat, Birger P. (2000d): Zivilgesellschaft als Parallelprozeß: Demokratisierung der Wissensgesellschaft und Professionalisierung des Staates, in: Priddat, B. P. (Hrsg.): Der bewegte Staat, Marburg, S. 197–297.

Priddat, Birger P. (2000e): Globalisierung und Politikkoordination, in: Bolz, N. / Kittler, F. / Zons, F. (Hrsg.): Weltbürgertum und Globalisierung, München, S. 161–180.

Priddat, Birger P. (2000f): Gastkommentar: Die Politik muß Zuständigkeiten abgeben, in: Financial Times Deutschland, 17.5. 2000.

Priddat, Birger P. (2000g): Gerechtigkeit oder fairness. Der Staat in der Zivilgesellschaft, in: Merkur, Sonderheft ›Europa oder Amerika?‹ Zur Zukunft des Westens, Jg. 54, H. 9/10, Sept./Okt. 2000, S. 1026–1030.

Priddat, Birger P. (2001): Der Stellenwert korporatistischer Wirtschaftspolitik vor geänderten Rahmenbedingungen, in: Smekal, Chr. / Theuerl, T. (Hrsg.): Globalisierung (in Vorbereitung).

Prognos (2001): ICT im öffentlichen Sektor in der Schweiz, Auftrag des Bundesamtes für Kommunikation, Biel.

Putnam, Robert (2000): Thinking about Social Change in America, chap. One aus: Putnam, R.: Bowling alone. The Collapse and Revival of American Community, Simon & Schuster, 2000, URL http//:www. simonandschuster.com/excerpt.cfm?isbn= 0684832836, [Stand 20. 08. 2000].

Reichhard, Christoph (1998): Institutionelle Wahlmöglichkeiten bei der öffentlichen Aufgabenwahrnehmung, in: Budäus, Dietrich (Hrsg.): Organisationswandel öffentlicher Aufgabenwahrnehmung, Baden-Baden, S. 121–154.

Resnick, David (1997): Politics on the Internet: The Normalization of Cyberspace, in: New Political Science, 41, 42, S. 47–68.

Resnick, David (1998): Politics on the Internet: The Normalization of Cyberspace, in: Toulouse, Chris / Luke, Timothy W. (Eds.): The Politics of Cyberspace, London, S. 48–68.

Riley, Thomas B. (1999): Knowledge Management: A Philosophy for Change in Government?, Riley Report, Juli 2000, URL http//: www. rileysis.com/report7july99.htm [Stand: 28. 08. 2000].

Ritter, Ernst-Hasso (1979): Der kooperative Staat. Bemerkungen zum Verhältnis von Staat und Wirtschaft, in: Archiv des öffentlichen Rechts, S. 389–448.

Robinson, Brian (2000): Shopping for the right model (wysiwyg://

19/http://www.fcw.com/supplements/B2G/2000/b2g-model-08–28–00.asp).

Rosa, Hartmut (1999): Bewegung und Beharrung: Überlegungen zu einer sozialen Theorie der Beschleunigung, in: Leviathan, vol. 27, nr. 3, S. 386–414.

Ryan, Ciaran (1999): Knowledge Management is Power, in: Government Technologies, Juni 1999, URL http//:www. govtech.net [Stand: 28. 08. 2000].

Sassen, S. (2000): The Impact of the Internet on Sovereignty: Unfounded and Real Worries, in: Engel, Christoph / Keller, Kenneth H. (2000) (Eds.): Understandig the Impact of Global Networks on Local, Social, Political, and Cultural Values, Baden-Baden, S. 189–200.

Scharpf, Fritz W. (1988): Verhandlungssysteme, Verteilungskonflikte und Pathologien der politischen Steuerung, in: Schmidt, M. G. (Hrsg.): Staatstätigkeit. International und historisch vergleichende Analysen, PVS Sonderheft 19, Opladen, S. 61–87.

Scharpf, Fritz W. (1991): Die Handlungsfähigkeit des Staates am Ende des 20. Jahrhunderts, in: Politische Vierteljahresschrift, Vol. 32, Nr. 4, S. 621–634.

Scharpf, Fritz W. (1993a): Positive und negative Koordination in Verhandlungssystemen, in: Adrienne Héritier (Hrsg.): PVS Sonderheft, 24/1993, S. 57–83.

Scharpf, Fritz W. (1993b): Versuch über Demokratie im verhandelnden Staat, in: Czada, Roland / Schmidt, Manfred G. (1993) (Hrsg.): Verhandlungsdemokratie, Interessenvermittlung, Regierbarkeit. Festschrift für Gerhard Lehmbruch, Opladen, S. 25–50.

Schefczyk, Michael (2000): Soziale Sicherheit im Transformationsstaat, in: Priddat, B. P. (Hrsg.): Der bewegte Staat, Marburg, S. 83–118.

Schindler, Eckhard (2000): KPMG-Studie zur virtuellen Verwaltung. Interview, in: politik-digital, 05. 12. 2000.

Schmalz-Bruns, Rainer (2000): Technokulturelle Visionen zwischen Selbstblockade und Reformstau. Zum demokratischen Potential des Internet, Manuskript, TU Darmstadt, Institut für Politikwissenschaft.

Schmitter, Philippe C. (1983): Democratic Theory and Neocorporatist Practice, in: Social Research, 50, 4, S. 371–393.

Schmundt, Hilmar (2000a): Berlin 2.0 – die digitale Hauptstadt geht online, in: politik-digital, 05. 12. 2000.

Schmundt, Hilmar (2000b): Speyer-Preis für digitale Amtsstuben. Nordhorn und Passau gewinnen im Modernisierungswettbewerb, in: politik-digital, 5. 12. 2000.

Schnorr, H. / Stolfo, S. (1998): A digital government for the 21th century, pp. 15–19 in: Communications of the ACM, 48 (11).

Schoeler, Andreas von (2000): Finanzknappheit darf kein Killer-Argument für die moderne und virtuelle Verwaltung sein, Interview mit CSC Ploentzke Vorstand von Schoeler, in: V.O.P. 11/2000, S. 35–37.

Schröder, Gerhard (2000): Die zivile Bürgergesellschaft, in: Die neue Gesellschaft, H. 4/2000, S. 200–207.

Schröder, Gerhard / Blair, Tony (1998): Der Weg nach vorne für Europas Sozialdemokraten. Ein Vorschlag von Gerhard Schröder und Tony Blair (das ›Schröder/Blair-Papier‹), o. O. (Paper des Bundeskanzleramtes).

Schroeder, Jens (2000): Das Internet und die politische Kommunikation, in: URL http//:www.politik-digital.ch/e-demokratie/for schung/internet.shtml (28. 07. 2000).

Schubert, Petra / Häusler, Urs (2001): E-Government meets E-Business: A Portal Site for Startup Companies in Switzerland, in: Proceedings of the 34th Hawaii International Conference on System Sciences.

Schudson, Michael (1998): Changing Concepts of Democracy, paper der Konferenz »Democracy and Digital Media«, MIT on May 8–9, 1998 URL http://media-in- transition. mit.edu/articles/schud son.html [Stand 09. 08. 2000].

Schuler, D. (1998): Reports of the Close Relationship Between Democracy and the Internet, Democracy and Digital Media, MIT May 8–9. 1998 URL http//:www.media-in-transition.mit.edu/articles/ schuler.html [Stand 20. 08. 2000].

Schuppert, Gunnar F. (1989): Markt, Staat, Dritter Sektor – oder doch mehr? Sektorspezifische Steuerungsprobleme ausdifferenzierter Staatlichkeit, in: Ellwein, Thomas (Hrsg.): Jahrbuch zur Staats- und Verwaltungswissenschaft, Band 3, Baden-Baden, S. 47–87.

Schuppert, Gunnar F. (1992): Verselbständigte Verwaltungseinheiten und Parafiski, in: Tiepelmann, Klaus / Beek, Gregor van (1992) (Hrsg.): Theorie der Parafiski, Berlin/New York, S. 137–162.

Schuppert, Gunnar F. (1998): Geändertes Staatsverständnis als Grundlage des Organisationswandels öffentlicher Aufgabenwahrnehmung, in: Budäus, Dietrich (Hrsg.): Organisationswandel öffentlicher Aufgabenwahrnehmung, Baden-Baden, S. 19–60.

Schuppert, Gunnar F. (2000): Neue Muster der Verantwortungsverteilung zwischen aktiver Zivilgesellschaft und aktivierendem Staat. 9 Thesen, working paper für den Kongreß ›progressive governance‹ in Berlin, 2. – 3.6. 2000.

Schwelin, Michael (2000): Zwei Millionen Verdammte. Amerika sperrt sein Kleinkriminellen weg – auf ewig, in: Die Zeit. Nr. 45, 2. 11. 2000, S. 20.

Sharrad, Jeremy (2000): Sizing US eGovernment, Forrester Report, August 2000.

Sinning, Heidi / Wimmer, Ansgar (2000) (Hrsg.): Bürgerorientierte Kommunen in Deutschland – ein Wegweiser, Bd. 2: Kurzportäts, Gütersloh: Verlag Bertelsmann Stiftung.

Slaton, Christa Daryl (1998): Mündige Bürger durch Televoten. Ein fortlaufendes Experiment zur Transformation der Demokratie, in: Leggewie, Claus / Maar, Christa (1998) (Hrsg.): Internet & Politik – Von der Zuschauer- zur Beteiligungsdemokratie, Köln. S. 312-341.

Smekal, Christian (1992): Zur Vergleichbarkeit finanzsoziologischer und finanztheoretischer Begründung von Parafiski, in: Tiepelmann, Klaus / Beek, Gregor van (1992) (Hrsg.): Theorie der Parafiski, Berlin/New York, S. 103–116.

Snellen, I. / van de Donk, W. (1998) (eds.): Public Administration in an Information Age, Amsterdam: IOS-Press.

Somin, Ilya (1998): Voters' Ignorance and the Democratic Ideal, in: Critical Review, 12, S. 413–458.

Stöbe, Sybille (1996): Putsch der Bürokratie gegen die Politik? Die Rolle der Politik im »Neuen Steuerungsmodell«, in: Das Magazin, Wissenschaftszentrum Nordrhein-Westfalen, Jg. 7, Nr. 1, S. 26–27.

Stradtmann, Phillipp (1998): Deutschland auf dem Weg in die elektronische Demokratie? Das Internet als neues Medium der politischen Kommunikation und Partizipation. Diplomarbeit an der Hochschule für Musik und Theater Hannover / Institut für Journalistik und Kommunikationsforschung (14. 08. 1998).

Streek, Wolfgang (2000): Zwei Seelen wohnen, ach, in der staatsreichen Brust. Der Kanzler und sein Lernziel von der zivilen Bürgergesellschaft, Frankfurter Rundschau, 10. 07. 2000, Nr. 157, S. 10.

Sudgen, Robert (1993): A Review of Inequality, re-Examined by Armartya Sen, in: Journal of Economic Literature, 31, S. 1947–1986.

Symonds, Matthew (2000a): Government and the Internet: Digital Democracy, in: Economist, 24. 06. 2000, S. 31ff.

Symonds, Matthew (2000b): Government and the Internet: The Next Generation, in: Economist, 24. 06. 2000, S. 3–9.

Symonds, Matthew (2000c): Government and the Internet: Haves and have-nots, in: Economist, 24. 06. 2000, S. 23ff.

Tiepelmann, Klaus / Beek, Gregor van (1992a) (Hrsg.): Theorie der Parafiski, Berlin/New York.

Tiepelmann, Klaus / Beek, Gregor van (1992b): Eine finanztheoretische Sicht der Parafiski, in: Tiepelmann, Klaus / Beek, Gregor van (1992) (Hrsg.): Theorie der Parafiski, Berlin/New York, S. 81–102.

Uzuner, Ozlem / McKnight, Lee (2001): Sales Taxes on the Internet: When and How to Tax? in: Proceedings of the 34th Hawaii International Conference on System Sciences.

Wegner, Gerhard (1996): Wirtschaftspolitik zwischen Selbst- und Fremdsteuerung – ein neuer Ansatz, Baden-Baden.

Wegner, Gerhard (1997): Entstaatlichung der Umweltpolitik durch innere Institutionen? Verhandlungslösungen als Komplement regulativer Umweltpolitik. Diskussionspapiere der wirtschaftswissenschaftlichen Fakultät, Nr. 34, Universität Witten/Herdecke.

Wegrich, Kai (2000): Electronic Government: Modernisierungsschuib durch Informationstechnologien in der öffentlichen Verwaltung? In: politik-digital, 5. 12. 2000.

Weiß, Jens (2000): Umweltpolitik als Akteurshandeln. Eine Theorie der kooperativen Bearbeitung von Informations- und Verteilungsproblemen in der umweltpolitischen Steuerung, Marburg.

Welzel, Carolin (2000): Digitaler Spargel. Eine Rundreise zu den besten digitalen Rathäusern, in: politik-digital, 5. 12. 2000.

Welzel, Carolin (2001): Stadt up! Online-Unterstützung für Kommunen, in: politik-digital (http://www.politik-digital/netzpolitik/egovernment/stadtup.shtml).

Werle, R. (2000): The Impact of Information Networks on the Structure of Political Systems, in: Engel, Christoph / Keller, Kenneth H. (2000) (eds.): Understandig the Impact of Global Networks on Local, Social, Political and Cultural Values, Baden-Baden, S. 159–185.

West, Darrell M. (2000): Assessing E-Government: The Internet, Democracy, and Service Delivery by State and Federal Governments (Sept. 2000, Brown University, Providence) (http://www.insidepolitics.org/egovtreport00.html).

Wieland, Josef (1996): Sozialpartnerschaft, betriebliche Sozialpolitik und Unternehmenskultur. Eine institutionenökonomische Analyse, in: Hutter, Michael (Hrsg.): Wittener Jahrbuch für ökonomische Literatur, Marburg, S. 143–160.

Wieland, Josef (1999): Die Ethik der Governance, Marburg.

Williamson, O. E. (1996): The Politics and Economics of Redistribution and Inefficiency, in: Ders.: The Mechanisms of Governance, New York and Oxford, S. 195–218.

Willke, Helmut (1983): Die Entzauberung des Staates: Überlegungen zu einer sozietalen Steuerungstheorie, Königstein (Ts.).

Willke, Helmut (1992): Ironie des Staates: Grundlinien einer Staatstheorie polyzentrischer Gesellschaft, Frankfurt.

Willke, Helmut (1992b): Prinzipien politischer Supervision, in: Bußhoff, H. (Hrsg.): Politische Steuerung, Steuerbarkeit und Steuerungsfähigkeit, Baden-Baden, S. 51–80.

Willke, Helmut (1996): Bereichsstudie Politik, in: Ders.: Interventionstheorie – Systemtheorie II, 2. Auflage, Stuttgart, S. 219–269.

Willke, Helmut (1997): Supervision des Staates, Frankfurt.

Willke, Helmut (2000): Die Gesellschaft der Systemtheorie, in: Ethik und Sozialwissenschaften. Streitforum für Erwägungskultur, Jg. 11, H. 2, S. 195–209.

Wohlgemuth, Michael (1999): Democracy as a Discovery Procedure, Discussion Paper, No. 17–99, Max-Planck-Institut zur Erforschung von Wirtschaftssystemen, Jena.

Wohlgemuth, Michael / Adamovich, Ivan Baron (1999): Systemwettbewerb in der Schweiz. Ein Testfall für das Zusammenspiel von

›Exit‹, ›Voice‹ und ›Loyalty‹, Diskussionsbeitrag 09/99, Max-Planck-Institut zur Erforschung von Wirtschaftssystemen, Jena.
Wollmann, Hellmuth (1999): Kommunalpolitik: Mehr (direkte) Demokratie wagen, in: Aus Politik und Zeitgeschichte, B 24–25/99, S. 13–22.

Zolo, Danilo (1998): Die demokratische Fürstenherrschaft. Für eine realistische Theorie der Politik, Göttingen.
Zypries, Brigitte (2001): Verantwortung teilen – effizient arbeiten. Ein Jahr ›Moderner Staat – Moderne Verwaltung‹, S. 11–12 in: V.O.P. (Verwaltung-Organisation-Personal), Nr. 1–2/2001.
Zyskowski, John (2000): Harnessing the Internet economy (wysiwyg://16/http://www.fcw.com/suplements/B2G/2000/b2g-letter-08-28-00.asp).

Die Autoren

Stephan A. Jansen (dipl. oec.) ist Gründer und General Manager des »Institute for Mergers & Acquisitions (IMA)« an der Universität Witten/Herdecke sowie geschäftsführender Gründungsgesellschafter der cosinex.com GmbH, dem deutschen Internetmarktplatz für Öffentliche Institutionen. Zur Zeit forscht er als Visiting Scholar an der Harvard Business School zu den Themen Virtualisierung von Unternehmen und Öffentlichen Institutionen sowie Post Merger Management. Auszeichnung zum »Besten Wirtschaftsbuch des Jahres 2000« durch die Beratung Cap Gemini Ernst & Young für das Buch »Oszillodox. Virtualisierung: Die permanente Neuerfindung der Organisation« (gemeinsam mit Peter Littmann bei Klett-Cotta, 2000).

Prof. Dr. Birger P. Priddat hat in der Fakultät für Wirtschaftswissenschaft der Universität Witten/Herdecke den Lehrstuhl für Volkswirtschaftslehre und Philosophie inne. Von 1994 bis 2000 war er Dekan der Fakultät. Zur Zeit arbeitet er an den Themen Wirtschaftspolitik, insbesondere institutional economics und Zukunft der Arbeit. Außerdem ist er in politischen Beratungsgremien der Bundes- und der Landesregierung Nordrhein-Westfalen tätig.

Peter Littmann / Stephan A. Jansen:
»Oszillodox«
Virtualisierung – die permanente Neuerfindung der Organisation
391 Seiten, gebunden, ISBN 3-608-94207-6

www.oszillodox.com

Unternehmen sind Diven. Sie brauchen ständig die neueste Mode. Eine der beeindruckendsten Moden ist derzeit die der Virtualisierung von Unternehmen.
Peter Littmann und Stephan A. Jansen erarbeiten anhand von vier Ebenen der intra-, der extra- und der interorganisationalen sowie der kundenbezogenen Virtualisierung ein Modell spezifischer Virtualisierungsstrategien von Unternehmen.
Neben Praxisbeispielen werden mit einem virtuellen Team von hochkarätigen Gesprächspartnern die Chancen, Herausforderungen und Probleme der Virtualisierung reflektiert.

Otmar Donnenberg (Hrsg.):
Action Learning
Ein Handbuch
Aus dem Englischen und aus dem Niederländischen von
Maren Klostermann und Bärbel Krömer
268 Seiten, gebunden, ISBN 3-608-91945-7

Was Action Learning bedeutet, wie dieses Konzept eingesetzt werden kann, welche Erfahrungen man damit macht und was es für die Zukunft des Lernens verspricht. Dieses Handbuch ist aus der Praxis für die Praxis geschrieben. Durch klare Abgrenzung zu Rollenspielen, Outdoor-Trainings, Fallstudien etc. wird deutlich, was Action Learning erreichen kann und welche theoretischen Vorstellungen diesem Konzept zugrunde liegen. Ein Buch für Berater, Personalentwickler und Manager, die sich der strategischen Bedeutung des Lernens bewußt sind.

Klett-Cotta

Peter Eyerer:
›TheoPrax‹
Bausteine für Lernende Organisationen
Mit einem Vorwort von Roman Herzog
411 Seiten, gebunden, ISBN 3-608-91012-3

»›TheoPrax‹ vernetzt Schulen, Hochschulen und Wirtschaft über praxisnahe, von der Industrie in Auftrag gegebene Projekte. Die Lernende Organisation ist in unserer Arbeitswelt eine Form des Zusammenwirkens, mit der Menschen hervorragend motiviert und zielgerichtete Ergebnisse schaffen werden können. ›TheoPrax‹ zeigt auch einen praktikablen Weg auf, wie Projektarbeit während der Aus- und Weiterbildung in Schule und Hochschule nachhaltig zum lebenslangen Lernen beitragen kann.«
Auszug aus dem Geleitwort von Roman Herzog

Mathias Lohmer (Hrsg.):
Psychodynamische Organisationsberatung
Konflikte und Potentiale in Veränderungsprozessen
322 Seiten, gebunden, ISBN 3-608-94193-2

Dieses Buch richtet sich an Führungskräfte, Personalverantwortliche und Organisationsberater, die die Tiefendimension der Unternehmensentwicklung besser verstehen und steuern wollen. Es beschreibt, wodurch Blockaden gegen Veränderung entstehen und wie im Gegenzug Energie und kreative Lösungen für die Umsetzung von Zielen mobilisiert werden können.
Mit vielen Fallbeispielen zeigen die Autoren, wie unbewußte Prozesse in Organisationen so verstanden und genutzt werden können, daß aus Mitarbeitern Träger der Entwicklung und aus Managern Leader werden.

Klett-Cotta